法藏知津

六　編

杜　潔　祥　主編

第 1 冊

俱舍學研究

林　律　光　著

花木蘭文化事業有限公司

國家圖書館出版品預行編目資料

俱舍學研究／林律光 著 — 初版 — 新北市：花木蘭文化事業有
限公司，2019〔民 108〕
序 4+ 目 2+168 面：19×26 公分
（法藏知津六編 第 1 冊）
ISBN 978-986-485-388-5（精裝）
1. 俱舍論 2. 研究考訂 3. 俱舍宗
030.8   107001883

ISBN-978-986-485-388-5

9 789864 853885

法藏知津六編
第 一 冊   ISBN：978-986-485-388-5

俱舍學研究

作　　者　林律光
主　　編　杜潔祥
副總編輯　楊嘉樂
編　　輯　許郁翎
出　　版　花木蘭文化事業有限公司
社　　長　高小娟
聯絡地址　235 新北市中和區中安街七二號十三樓
　　　　　電話：02-2923-1455／傳真：02-2923-1452
網　　址　http://www.huamulan.tw 信箱 hml810518@gmail.com
印　　刷　普羅文化出版廣告事業
初　　版　2019 年 3 月
定　　價　六編 17 冊（精裝）新台幣 36,000 元

俱舍學研究

林律光　著

作者簡介

林律光博士，字無涯，自號維摩居士，祖籍廣東番禺，誕於香港，畢業於香港能仁書院哲學（榮譽）學士、香港公開大學中國人文學（榮譽）學士、香港中文大學宗教研究學系及歷史學系雙碩士、廣州中山大學文學碩士、香港大學佛學碩士、廣州暨南大學文學博士及香港科技大學哲學博士，從事教育工作凡廿餘年，治學範圍以中國佛學及古典文學爲主。現兼任香港觀音講堂、香港法雲禪修學佛會，澳門大學中文系，香港中文大學佛學等講師，並擔任香港東坡詩社會長、《雪泥鴻爪》雜誌主編、《香江藝林》雜誌總編輯、《香港詩詞》顧問、香港小說學會理事、《圓桌詩刊》理事、四川眉山市東坡詩社副社長兼理事、四川什邡馬祖禪文化研究會顧問、中國哲學文化協進會研究員、香港中文大學宗教研究校友會委員等，著作包括《宗教哲學之現代詮釋》（合著）、《蘇曼殊之文藝特色研究》、《維摩佛學論著集》、《維摩集·山居詩畫篇》、《祇園梵音》、《筱汎雅居詩集》、《維摩詩作三百首》、《藏遊吟箋》等十九本。詩聯文作品散見於中、港、臺、馬來西亞、美國等各地刊物及網頁。

提　要

　　俱舍宗依世親菩薩所造的《阿毗達磨俱舍論》而立宗，其教義內容以「我空法有」、「三世實有」爲宗旨，故被視爲小乘有宗，對中國佛教各宗影響甚大。此宗在思想的演變過程上，唯識宗可說是以其爲根源。此宗所依據的主要論典——《俱舍論》，乃部派佛教教理的集大成者，其組織結構嚴謹，對於諸法的分析雖千頭萬緒，卻有條不紊，世稱《聰明論》。俱舍師的中心教義，是闡明一切色心諸法皆依憑緣起，破遣凡夫所執的人我見，令斷惑證理，脫離三界的繫縛。故研習俱舍當能完全掌握小乘各派義理之來龍去脈，這不單對原始佛教有清晰認識，而且對大乘各宗，尤其唯識宗，以及世親之思想發展了解更全面。

　　本論全文分九章，依次分陳如下：第一章：緒論、第二章：俱舍與毗曇之關係及在中國弘揚之情況、第三章：俱舍宗所依之典籍、第四章：《俱舍論》之著、譯者、思想淵源、意趣、組織、內容及特色、第五章：「俱舍宗」哲學理論之構成、第六章：「俱舍宗」之時間觀判釋、第七章：「俱舍宗」之修行方法及階位、第八章：「俱舍宗」之「無我思想」及異說、第九章：總結、附錄篇：世親之業論觀。

　　學人研習「俱舍學」，既能掌握小乘各部之思想體系，又可爲研習大乘思想作一部署，它發揮著承先啓後的作用，對世親的個人思想及佛教理論發展之脈絡一目了然，故值得研究。

《俱舍學研究》序一

　　記得多年前，在香港大學「佛學研究中心」舉辦的一個宗教交流會上，有位基督教朋友打趣地說：「我們基督教就一本聖經。佛教的經典卻浩如煙海，其中不少是在古代以文言文譯成的，義理艱深，眞不易懂啊！」。

　　這位朋友的話其實也不無道理。坊間不少研究佛學的著作，確實不易看得懂。義理深是一個原因，文字難讀是另一個原因。

　　近日有幸拜讀了林律光博士的新書「俱舍學研究」，卻是一個頗大的驚喜。書中各章節的鋪排組織條理分明；介紹俱舍學的義理和歷史絡脈極之清晰易懂。整冊書不但可讀性極高，壓根兒就是一本優美的文學作品。這在佛學著作中是極之罕見的。假如每一本佛學著作都是這樣的話，我們做弘法工作也就方便得多了。

　　回頭想一想，這其實也不奇怪。作者林律光先生既是一位哲學家，又是一位文學家。他擁有哲學（或佛學）的學士、碩士、博士學位。同時又擁有文學的學士、碩士、博士學位。這在學術界當然也是極之罕見的。故此，他可以用文學之美來描繪佛教哲理求眞求善的境界，融哲學與文學於一爐。好一個難得的眞善美組合！

　　衷心盼望林博士日後能爲我們寫出更多文字優美、條理清晰的佳作。無量感恩！

李焯芬

2017 年 6 月

香港珠海學院校監

香港大學饒宗頤學術館館長

前香港大學副校長

前香港大學專業進修學院院長

《俱舍學研究》序二

　　林律光博士《俱舍學研究》是少見的、既提供翔實的歷史背景、相關的理論和不同觀點上的爭議，又非常具體地概述修行的方法和階位的佛學專書。近年世界各地對佛學興趣漸濃，皆因佛理圓融，直指人心，指出人世間的種種煩惱都源自人的妄想執著，並和當代心理學的理論契合。佛家認為化解煩惱怨憤，轉識成智只繫一念之間。但對一般人而言，由於經歷多生多世的薰習，妄想執著反視作自然，假我反視為實有。俱舍師提出「法有我無」的觀點，對迷惑凡夫當頭棒喝，指出一切法都有其緣起都應如實觀之，但一切法卻都無自性。林博士的《俱舍學研究》闡述了世親由研學和弘揚小乘排斥大乘而最終卻轉歸大乘的「回小向大」的過程。這過程可說示範了一個人如何由偏執逐步過渡到圓融，不但完滿解決了多年來學佛人對業報流轉的迷惑和爭辯，把輪迴的主體變得更加容易理解，還給世人帶來希望：一時的偏執不是問題；缺乏誠意和虛心才是大問題。

　　很多學佛人常以漢傳佛教為大乘，而以南傳佛教為小乘。其實這樣的觀點有失佛法圓融，未能看透一切善巧方便皆有其特殊的價值，無非為了度人自度的大道理。法華經有云：「如來但以一佛乘故為眾生說法，無有餘乘若二若三。……舍利弗！過去諸佛以無量無數方便，種種因緣、譬喻言辭，而為眾生演說諸法，是法皆為一佛乘故。是諸眾生從諸佛聞法，究竟皆得一切種智。舍利弗！未來諸佛當出於世，亦以無量無數方便，種種因緣、譬喻言辭，而為眾生演說諸法，是法皆為一佛乘故。是諸眾生從佛聞法，究竟皆得一切種智。」如果說世親早期宣揚小乘教義，不信大乘，屬妄起分別，今天不少人的自稱奉大乘而貶抑小乘何何嘗不也是妄起分別？

　　對於業力流轉，無著和世親以阿賴耶識統攝一切業力感惑，而業力則牽動輪迴，直接了當解釋了如何在無我的大前提下仍可以世世輪迴。這解釋十分高明。在一次講座中，筆者以火焰爲例，大家見到的火焰好像有實體，但其實不過是能量轉化過程中的現象：火焰不停地消耗氧氣，把可燃的物質變成高熱的氣體。火焰並無實體，只要有能量的補充，配合適當的環境，火焰就可延續下去。有業力的能量積聚，就會有生命的輪迴。唯有對此深切了解，逐步學會慈悲喜捨的功夫，才能擺脫業力的枷鎖，步向自由。

　　讀林博士的《俱舍學研究》，倍感佛學博大精深。佛學要旨本來並不複雜，「諸惡莫作，眾善奉行，自淨其意」已是諸佛所教。諸惡莫作，眾善奉行或不難理解；但何謂自淨其意、應如何自淨其意則不容易掌握。但佛經浩瀚難明，而實踐更無速成的可能。然而本著謙卑自省、努力不懈的精神，目標堅定，成佛卻是必然的事。讀林博士的《俱舍學研究》，多了一份謙卑，也多了一個佛緣，筆者自問獲益匪淺。

何濼生（善護居士）謹識

二○一七年七月四日

香港珠海學院

商學院院長

目次

第一章 緒 論

第一節 研究動機

佛教博大精深，千差萬別，門派雖多，唯不出大小二乘、空有兩輪。中國佛教小乘有宗名俱舍宗，亦稱「俱舍學」派，以研習、弘傳《俱舍論》而得名，其學者稱俱舍師，弘傳分新、舊兩個階段。俱舍宗是依據世親菩薩所造的《阿毗達磨俱舍論》而成立的小乘宗派，其教義內容是以「我空法有」、「三世實有」為宗旨，故被視為小乘有宗，對中國佛教各宗都有重要的影響，在思想的演變過程上，唯識宗可說是以俱舍宗為其根源。

中國佛經之翻譯，自漢代始，以外人主譯為主。至唐玄奘西行回國後，譯場之門廣開，為中國譯史上大放異彩。《俱舍論》之宗旨以無漏真智作為對法，世親論師初著本論於天竺，佛教徒莫不爭相研習，時人稱之為《聰明論》。在中國，佛學既來自西土，文字自然異於華夏，國人要了解佛法的實義，自是通過翻譯的工作，礙於時代不同，譯師亦異，往往同一經論，所譯之本，義非一也，本論傳入中土，譯本有二：一是陳真諦譯，一是唐玄奘譯。新譯的譯者唐玄奘三藏法師，則集中國最偉大的留學生、旅行家、探險家、翻譯家、佛學家等高譽於一身，其一生翻譯佛經七十幾部，卷帙達一千三百多卷，不僅數量龐大，質地精良，譯文精準，又信又雅又達，稱他是世界文明史上最偉大的翻譯家，一點也不為過。

《俱舍論》譯出後，玄奘大師門下弟子神泰、普光、法寶，各作註疏，大力弘佈此論，其後，又有圓暉、慧暉、道麟等作疏弘通，當時講學風氣隆盛，可惜在唐朝以後，此宗逐漸絕而不傳。元世祖時代，帝師八思巴造《彰

所知論》，這是研究《俱舍》的最後餘光。在南朝的宋、齊、梁三代，研究「說一切有部」的「毗曇學」相當隆盛，慧愷等加以弘傳，特別是慧愷的私淑弟子道岳，初習《雜阿毗曇心論》，後弘俱舍，遂由「毗曇學」轉入「俱舍學」，此為弘傳的第一階段；唐玄奘重譯《俱舍論》，其弟子多半從事研習，於是「俱舍學」又從舊論轉到新論，這是弘傳的第二階段。新舊《俱舍論》譯出後，只是師資相承作學術上的研究，並未成立一般所謂宗派。早在唐代，《俱舍論》就由日僧智通、智達（一說道昭）來中國求法，隨著「法相宗」的傳習而帶回日本，從此他們的「法相宗」學人同時兼習此論，其他宗派也有傳習，甚至建立專宗傳承，為日本古代所謂八宗之一，學者輩出，著作甚多。

俱舍師的中心教義是闡明一切色心諸法都依憑因緣而生起，破遣凡夫所執的人我見，令斷惑證理，脫離三界的繫縛。他們先把一切色、心、非色非心諸法整理組織為五位七十五法，而說這色心諸法的自體都是實有，但不全同有部「三世實有，法體恒有」之說；而採取經部的「現在有體，過未無體」之說；又說諸法雖然實有，然而三世遷流，有生有滅，現在為生，過去為滅，滅是現在必然的推移，不另外等待因緣，而生就必須有令生的原因，於此有六因、四緣、五果之說，諸法都依憑眾多因緣而生起，不能各自單獨生起作用，因而沒有常一主宰的我體，而所謂我，只是在五蘊相續法上假立，無有實體，俱舍師在這「法有我無論」的基礎上，進而建立有漏、無漏的兩重因果論。由此觀之，研習俱舍當能完全掌握小乘各派義理之來龍去脈，這不單對原始佛教有清晰認識，而且對大乘各宗，尤其唯識宗，以及世親之思想發展了解得更全面。

此宗所依據的主要論典——《俱舍論》，乃部派佛教教理的集大成者，其組織結構嚴謹，對於諸法的分析雖千頭萬緒，卻有條不紊，世稱《聰明論》，雖曾光輝一時，影響大乘諸宗，然自唐朝「會昌法難」〔註1〕之後，此論隨著唯識學的不振，亦乏人研習，其理論在阿毗達磨論集中，是最富科學性、哲學性與分析性的。余觀現今佛學院課程中皆有「俱舍學」一門之設立，故深入研習此宗之義理，更能體會原始部派佛教之演變過程。又有關俱舍宗之研究至今，仍未有較全面之論述。故此論之研究，對今日及未來佛教之義理發展，亦有其存在之價值。筆者希望藉此論文，開啟當代俱舍宗研究之風氣。

〔註1〕唐武宗李炎在位期間於會昌五年七月庚午（西元845年），推行一系列「滅佛」政策，決意徹底地剷除佛教在中原的勢力。（參見：《資治通鑑》卷248。）

第二節　研究範圍及方法

一、研究範圍

俱舍宗除了以《俱舍論》為主要論典外，其他依據的經有《四阿含經》，論有《發智論》、《集異門足論》、《法蘊足論》、《施設足論》、《識身足論》、《界身足論》、《品類足論》等七論，以及《大毗婆沙論》、《阿毗曇心論》、《雜阿毗曇心論》、《異部宗輪論》等，兼收近現代之學者的論述及著作，務求將各資料蒐集料簡，呈現出一個較完備而簡明之論述，這亦是本文意趣之一。至於本文的研究範圍主要是：

一、闡明各部所執非理，

二、世親菩薩之俱舍義理及思想發展，

三、俱舍宗哲學理論之構成與大小乘之關係，

四、俱舍宗之定位、時間觀、修持方法及在中國發展之情況，

五、歸納近現代學者對俱舍宗之研究成果，

六、分析此宗對研習佛學之價值。

七、闡釋俱舍宗之「無我思想」及異說

八、毗曇師與俱舍師之關係及剖析世親對業論觀之轉變。

二、研究方法

研究範圍確定後，即著手蒐集相關文獻，包括原典、研究論文及期刊等二手資料。藉由文獻分析法，從原典爬梳，去蕪存精，以探討俱舍宗在中國之發展情況，並藉此探索與大乘諸宗之關係。本文所依之文獻主要是現存漢文佛典之譯本與注疏，並輔以部份英文及日文的資料研究，以廣釋俱舍宗在中國佛教脈絡中之重要角色及其意義。故本文主要以哲學分析，著重義理之發展，理論之闡釋，思想之形成，宗系之傳承為研究之主線，以窺其脈絡，以探其原委。

第三節　各章內容

本論全文分九章，依次分陳如下：

第一章：緒論

說明本論文的撰寫原因、方法、意趣、範圍、目的及要解決之問題。

第二章：俱舍與毘曇之關係及在中國弘揚之情況

本章闡述俱舍與毘曇兩者之密切關係，及說明毘曇師如何過度到俱舍師，並展現「俱舍學」在中國弘揚的情況。

第三章：俱舍宗所依之典籍

本章概述俱舍宗所依之典籍，經為《四阿含經》，論除依《俱舍論》外，傍依北傳《七論》、《大毗婆沙論》、《阿毗曇心論》及《雜阿毗曇心論》，以說明其原委及交代典籍之存歿。

第四章：《俱舍論》之著、譯者、思想淵源、意趣、組織、內容及特色

本章論述《俱舍論》之思想淵源、意趣、組織、內容及特色作一概要論述，以見其精細之架構，並概述《俱舍論》與雜阿毗曇心論、婆沙論等之關係，從而了解《俱舍論》構成之過程。

第五章：「俱舍宗」哲學理論之構成

本章剖析「俱舍宗」之五位七十五法、三科、因果論及有、無漏因果之理論架構。

第六章：「俱舍宗」之時間觀判釋

本章說明「俱舍宗」與法救、覺天、世友、妙音四家及有部四說之時間觀之異同。

第七章：「俱舍宗」之修行方法及階位

本章闡釋「俱舍宗」之修行方法，明確指出如何斷除各種煩惱，及所得之果位。

第八章：「俱舍宗」之「無我思想」及異說

本章詮釋俱舍無我思想之重要性，以及論述近代學者對「無我思想」與《俱舍論》之關係，並歸納學者們所贊成及反對作為《俱舍論》之一部份所持之意見及理據。

第九章：總結

從研究成果，筆者對「俱舍宗」在中國佛教地位、思想及角色作出評價。

附錄篇：世親之業論觀

剖析世親從小乘過度到大乘後對業論觀點之轉變。

第四節　近當代學者研究俱舍學之情況

五十年代解釋「俱舍學」的書本，有釋演培釋註的《俱舍論頌講記（上）、（中）、（下）》三冊（1956）。

六十年代印順法師的〈阿毗達磨論義的大論辯〉·《說一切有部論書與論師研究》（1968）。

七十年代近當代學者研究「俱舍學」，以臺北《大乘文化出版社》張曼濤主編：《現代佛教學術叢刊（第 22 冊）：俱舍論研究（上）》及《現代佛教學術叢刊（第 51 冊）：俱舍論研究（下）》最爲豐富。上、下兩冊的課題，合共35 篇。其次有：羅光：〈俱舍論──業感緣起〉、佐伯旭雅編：《冠導阿毗達磨俱舍論·（一）至（三）》（1979）。

八十年代研究俱舍有：黃懺華的〈俱舍宗〉·《佛教各宗大綱》（1980）、金行天撰：《從緣生的觀點研討與認識有關的諸俱舍法義》（碩士論文）（1980）、李孟崧撰：《俱舍論對業論之批判》（碩士論文）（1983）、李世傑：《俱舍學綱要》（1984）、林妙香：〈析論《俱舍論》「三世有」之思想」〉（1986）、平川彰著，曇昕譯：「《阿毗達磨俱舍論》簡介」（1987）、溫金柯撰：《阿毗達磨俱舍論的諸法假實問題》（碩士論文）（1988）、杭大元的〈人生煩惱知多少──俱舍論隨眠品發微〉（1988）、呂澂：〈阿毗達磨俱舍論〉（1989）、欽·降白央著，多吉杰博編的《俱舍論注釋》（1989）。

九十年代研究俱舍有：昌言等著的《俱舍的思想和智慧》、李志夫：〈試論俱舍論在佛教思想史中之價值（上）〉（1990）、普願：〈《俱舍論》管窺〉（1990）、蘇軍：〈決定俱生──《俱舍論》理論體系完成的重要環節〉（1991）、林煜如：〈「從「四善根」論「說一切有部」加行位思想探微──以漢譯《阿毗達磨俱舍論》爲中心」〉（1991）、萬金川的〈佛陀的啓示──一位阿毗達磨論者的解讀〉（1992）、釋惠空：〈《俱舍論》·〈定品〉與《瑜伽師地論》·「三摩呬多地」之比較〉（1993）、釋性儀的〈漢譯《俱舍論》〈界品〉中「受、想」別立爲蘊之探討」〉（1994）、釋自運：〈《俱舍論光記寶疏》之研究──序分之一〉（1994）、張鐵山、王梅堂的〈北京圖書館藏回鶻文《阿毗達磨俱舍論》殘卷研究〉·《民族語文》第二期（1994）、釋自範撰：《阿毗達磨俱舍論明瞭義釋·序分》之研究》（1995）、萬金川的〈《俱舍論·世間品》所記有關「緣起」一詞的詞義對論──以漢譯兩本的譯文比對與檢討爲中心〉（1996）、張鐵山的〈從回鶻文《俱舍論頌疏》殘葉看漢語對回鶻的影響〉，《西北民族

研究》第二期（1996）、日・《齊藤唯信》著、慧圓居士譯《俱舍論頌略釋》（1997）、楊白衣《俱舍要義》（1998）、吳洲的《《俱舍論》的六因四緣說》（1998）、釋日慧的〈《俱舍論》心所分類的解讀〉（1999）、星雲編著的〈俱舍宗〉・《佛光教科書》第五冊（1999）、菩提比丘英譯，尋法比丘中譯：《阿毗達磨概要精解》（1999）、蕭振邦：〈依義理重構佛教美學之探究：以「俱舍論」為例示〉（1999）。

　　二千年代研究俱舍有：王秀英的〈《俱舍論・定品》與《清淨道論》定學諸品之比較研究〉（碩士論文）（2001）、釋悟殷的〈《俱舍論》的二教二理〉・《部派佛教》（上篇）（2001）、張鐵山的〈敦煌莫高窟北區 B52 窟出土回鶻文──《阿毗達磨俱舍論實義疏》殘葉研究〉，《敦煌學輯刊》第一期（2002）、釋悟殷的〈《俱舍論》的頓漸對論〉・《部派佛教》（中篇）（2003）、曲世宇的〈《俱舍論》略史及綱要〉，《法音》第五期（2003）、張鐵山的〈敦煌莫高窟北區出土三件回鶻文佛經殘片研究〉，《民族語文》第六期（2003）、櫻部建、小谷信千代、本庄良文：《俱舍論の原典研究──智品・定品》（2004）、妙靈：《論典與教學・〈阿毗達磨俱舍論〉上、下》兩冊（2006）、何石彬：《阿毗達磨俱舍論》研究（博士論文）（2009）。

　　以上諸類作品，對俱舍作出了廣泛之討論及研究，可謂各有特色，其內容或專題發揮（如對業論批判、三世假實問題。），或概括論述，或原文解讀，或義理分析，或比較他學，或考辨真偽，或追溯源流，或重建架構，或從外文考証，或作評論得失，或以觀行考量，或破邪顯正……，凡此種種，皆有論述。唯無一本能統貫收集，實亦難以做到，蓋「俱舍學」之義理集小乘中之大乘，義豐理廣，俱俱一本論文或一本著作又豈能盡釋，何況經歷如此漫長之歲月，加上時代變遷會帶來新的證據，故時人對其詮釋或有新的觀點，亦無可厚非。可以說：人類對知識不斷探索，不斷求證，是追求真理的最佳良伴。

第五節　研究成果

　　本文研究的預計成果有：

　　1. 將「俱舍宗」作全面探討，以明其在中國各時期的形成、演變的過程，以窺其全貌；

2. 探索「俱舍宗」與部派佛及與大小乘的關係，並闡釋其哲學的意涵；

3. 指出「俱舍宗」與毗曇宗之承傳關係及「俱舍宗」與唯識宗的密切關係，並確定「俱舍宗」是唯識學在理論上之延續，及研習部派佛學與大乘諸宗不可或缺之線索；

4. 概述世親一生之心路歷程及思想演變；

5. 敘述部派佛教之建構及世親對部派之責難，並總覽及歸納近現代學者研究之成果。

6. 詳析「俱舍宗」之修行方法，斷惑次第及所證果位。

7. 揭示本宗論主世親菩薩之「無我思想」及歸納異說，說明此思想是整個佛教重要理論之一。

8. 闡明世親回小向大後建立「阿賴耶識」之破天荒的革新思想，圓滿解決業報流轉所帶來的種種爭辯，並將輪迴的主體變得更加合理化之艱辛過程。

第二章　俱舍與毘曇之關係及在中國弘揚之情況

第一節　毘曇與俱舍之關係

第一項：毘曇師

　　毘曇師即研習「毘曇學」派者，世稱毘曇宗，又名薩婆多宗，屬於我國佛教十三宗〔註1〕之一，毘曇全名阿毘曇，意譯對法、無比法、大法等，意謂可尊可讚之究竟法，指可分析觀察現象界及證悟超經驗界之佛教智慧。其原義爲「論」，故「阿毘曇」是對佛典的解釋，又阿毘曇是最早傳入中國，亦名阿毘曇宗。

　　東晉時期，「說一切有部」毘曇傳入中國，前秦僧伽提婆於建元十九年（383）譯出《阿毘曇八犍度論》（玄奘譯爲《發智論》）二十卷，又於東晉太元十六年（391）譯出《阿毘曇心論》四卷；南宋僧伽跋摩等於元喜十二年（435）譯出《雜阿毘曇心論》十卷等，同時又譯《三法度論》，諸作譯出後，流傳甚廣，南北兩地掀起研習毘曇之熱潮，專習或兼習之學者繼出，自此「毘曇學」派逐漸形成，毘曇師也相繼出現。元嘉十年（433）僧伽跋摩重新注譯《雜阿毘曇心論》，研習毘曇者皆奉爲要典，視爲毘曇之總結，自此「毘曇學」大盛，

〔註1〕中國佛教宗派之產生，大約在隋唐時代，共有十三宗之說。所謂的十三宗，即：淨土、毘曇、成實、律、三論、涅槃、地論、攝論、禪、天台、華嚴、法相、密宗等。後經整合爲十宗。

影響亦廣。直至唐朝玄奘重譯《俱舍論》後,「毗曇學」派逐漸衰微。

「毗曇學」說的重點是依據有部之義理,以《阿毗曇心論》及《雜阿毗曇心論》之四諦綱領,說明我空法有及法從緣生之道理,又指出色、心一切諸法各有自性、常恒不變,並肯定三世實有之說。毗曇師主張諸法實有,故建立色、心法外,又立心所有法五十八種,十四種不相應行法、三種無爲法。「毗曇學」說又認爲法體在三世中永不消滅,而三世「中有」中,過、未二世之有建立在因之上,故用六因四緣,以證三世一切法有之說。其次,它的學說善於解釋法相,以探究事物的本質與現象的關係。慧遠對毗曇則有如下的評論:

> 阿毘曇心者。三藏之要頌。詠歌之微言。管統衆經領其宗會。故作者以心爲名焉。有出家開士。字曰法勝。淵識遠覽極深研機。龍潛赤澤獨有其明。其人以爲阿毘曇經。源流廣大難卒尋究。非瞻智宏才。莫能畢綜。是以探其幽致別撰斯部。始自界品訖于問論。凡二百五十偈。以爲要解。號之曰心。其頌聲也。擬象天樂若雲篇自發。儀形群品觸物有寄。若乃一吟一詠。狀鳥步獸行也。一弄一引。類乎物情也。情與類遷。則聲隨九變而成歌氣與數合。則音協律呂而俱作。拊之金石。則百獸率舞。奏之管絃。則人神同感。斯乃窮音聲之妙會。極自然之衆趣。不可可謂美發於中暢於四枝者也。發中之道要有三焉。一謂顯法相以明本。二謂定己性於自然。三謂心法之生必俱遊而同感。俱遊必同於感。則照數會之相因。己性定於自然。則達至當之有極。法相顯於眞境。則知迷情之可反。〔註2〕

慧遠認爲「毗曇」的特色以明法相爲根本,討論事物的定性,才能眞正認識世界。「毗曇學」說,經道安和慧遠等大德推崇,在中國南北兩地傳播,可謂盛極一時。

毗曇傳入中國後,首先傳譯北方,道安倡導研習。後慧嵩從智遊習「毗曇」、「成實」等學,聞名北方,有「毗曇孔子」之稱號。其先後在鄴、洛、彭、沛一帶弘揚毗曇之學,弟子計有志念、道猷、智洪、晃覺、敬魏等,都是北方著名僧侶。例如志念先從道長習《智論》,繼從道寵習《十地論》,及後從慧嵩研《毗曇》,《續高僧傳》卷十一載:

〔註2〕 《大正新脩大藏經》第五十五冊 No.2145《出三藏記集》序卷第十,頁 0072c01
〔00〕～0072c20〔01〕。

> 盛啟本情雙演二論。前開智度後發雜心。岠對勍鋒無非喪膽。
> 時州都沙門法繼者。兩河俊士燕魏高僧。居坐謂念曰。觀弟幼年慧
> 悟超邁若斯。必大教由興。名垂不朽也。於即頻弘二論一十餘年。
> 學觀霞開。談林霧結。齊運移曆周毀釋經。〔註3〕

志念所出高足有二十餘人皆屬隋唐高僧，門人多達四百餘人，皆傳播毘曇之
學。此外，有成實師僧嵩及其弟子僧淵亦有弘揚「毘曇」，據《高僧傳》卷八
載：

> 釋僧淵。本姓趙。潁川人。魏司空儼之後也。少好讀書。進戒
> 之後專攻佛義。初遊徐邦止白塔寺。從僧嵩受成實論毘曇。學未三
> 年功踰十載。慧解之聲馳於遐邇。淵風姿宏偉腰帶十圍。神氣清遠
> 含吐灑落。隱士劉因之捨所住山給為精舍。……釋曇度。本姓蔡。
> 江陵人。少而敬慎威儀。素以戒範致稱。神情敏悟鑒徹過人。後遊
> 學京師備貫眾典。涅槃法華維摩大品。並探索微隱思發言外。因以
> 腳疾西遊。乃造徐州。從僧淵法師更受成實論。遂精通此部獨步當
> 時魏主元宏聞風餐挹。遣使徵請。既達平城大開講席。宏致敬下筵
> 親管理味。於是停止魏都法化相續。學徒自遠而至千有餘人。〔註4〕

自隋朝一統南北，「毘曇學」獨盛於北方，時有名僧靖嵩，著有《雜心疏》五
卷。又長安有辨義、道宗，洛陽有智脫，益州有道基，蒲州有神素皆弘此學。
另有它宗兼弘毘曇者，有慧定、靈裕、智脫、明彥、民念等，成為慧嵩以後
著名的毘曇師。

　　在南方，《雜阿毘曇心論》經僧伽跋摩重譯之後，又經慧遠大力提倡，「毘
曇學」大盛。從習者有道生、慧持、慧觀、慧義、曇順及名士王珣、王珉。
南朝時在宋都建康有法業、慧定、曇斌、慧通兼攻《雜心論》、僧鏡撰《毘曇
玄論》、《後出雜心序》，江陵有成具、會稽有曇機。齊代有僧慧、慧基、法令、
智藏、慧開、慧集，其中慧集最為著名，以《八犍度論》及《大毘婆沙論》
來與《雜心論》相互參校，分析問題，獨步一時。故他陞堂弘法來受聽者多
至千人，著有《毘曇大義疏》十萬餘言，盛行於世。《高僧傳》卷八：

〔註3〕《大正新脩大藏經》第五十冊　No.2060《續高僧傳》卷十一，頁 0508c14（01）
　　　～0508c19（03）。

〔註4〕《大正新脩大藏經》第五十冊　No.2059《高僧傳》卷第八，頁 0375a27（00）
　　　～0375b16（04）。

> 凡碩難堅疑並爲披釋。海内學賓無不必至。每一開講負帙千人。
> 沙門僧旻法雲並名高一代。亦執卷請益。今上深相賞接。以天監十
> 四年還至烏程。遘疾而卒。春秋六十。著毘曇大義疏十餘萬言。盛
> 行於世。〔註5〕

後因成實學漸盛，「毘曇學」日衰。及後陳眞諦譯出《俱舍釋論》後，毘曇師多轉移習俱舍，成爲俱舍師。自此，「毘曇學」一蹶不振。

第二項：俱舍師

「俱舍宗」以《俱舍論》爲依歸，而此論之弘傳有新舊兩個時期。在南朝的宋、齊、梁時期研習「毘曇學」之「說一切有部」者，十分盛行。自陳眞諦譯出《俱舍釋論》後，形勢大變。有研究「毘曇學」者，紛紛轉投研習俱舍之學，道岳爲一例。他初習「毘曇學」依《雜心論》，後研習俱舍而捨毘曇，時稱俱舍師，此爲「俱舍學」之第一階段。嗣後，玄奘大師自印度回國重譯《俱舍論》，其弟子大多研習此學，俱舍師從舊論轉移研究新論，是爲俱舍弘傳的第二階段。

俱舍師以世親爲宗祖，他初於有部出家，天資聰敏，精通三藏，增訂《雜心論》，創《俱舍論》。其弟子安慧等，皆弘傳俱舍義，著有《俱舍論實義疏》等著作，其餘德慧、世友、稱友、滿增、靜住天、陳那等多有注釋此論，是印度最早期的俱舍師，爲當時教界引起全城鼓動，研究氣氛，一時無兩，極爲盛行，將「說一切有部」之教義推向新的境界。南朝陳天嘉五年間（564），眞諦於廣州制旨寺譯出《俱舍釋論》二十二卷，世稱舊俱舍，與此同時，陞堂弘演，由弟子筆錄結集爲《義疏》共五十三卷。天嘉七年（566）二月又應邀請重譯並講，於光大元年（567）十二月譯畢，由弟子慧愷筆錄，成爲今天的《阿毘達磨俱舍釋論》二十二卷，通釋舊譯。其弟子有慧愷、智敏、法泰等，以慧愷最爲著名。慧愷在梁代漸露頭角，爲人所識，他初落腳於阿育王寺，後到廣州拜眞諦爲師，備受器重。他先後協助翻譯《攝大乘論》、《俱舍論》等，其中以《俱舍論》文及疏共譯出八十三卷，詞理圓備，文詞通達，爲眞諦所稱讚。公元五六七至五六八至期間，慧愷應僧宗等之請，於智慧寺弘《俱舍》義，受聽者眾多，其中七十餘人爲有名學士，唯弘宣至《業品疏》

〔註5〕《大正新脩大藏經》第五十冊 No.2059《高僧傳》卷第八，頁0382b29（01）
　　　～0382c04（02）。

第九卷，不幸病逝，是爲中土最初弘傳之俱舍師。眞諦聞此噩耗，悲痛不已，唯恐俱舍義理失傳，聚僧眾十二人立誓續傳俱舍，又續講慧愷未完成之部份，至《惑品疏》第三卷，亦患病停講，不久圓寂。自眞諦圓寂，法侶凋零，智敏依師之旨，弘傳俱舍。法泰於陳太建三年，攜眞諦新譯之經論回建業，廣弘俱舍。又慧愷的弟子道岳在大禪定道場，以眞諦講義疏釋俱舍，從道岳受業者，有僧辯、玄僧、智實、洞時等名僧。此期弘傳俱舍義者，統稱爲舊俱舍師。

唐玄奘法師往印度取經之前，亦曾問道於道岳。其後他往天竺途中巧遇通曉三藏的僧伽藍和般若羯羅，玄奘詢問俱舍疑義都得到解答。他到了天竺後，在迦濕彌羅國聽大德僧稱講《俱舍論》，及後隨羅難陀寺戒賢論師研習三藏，並曾向戒賢問學有關俱舍之疑難。玄奘在印學成歸國後，有鑒於眞諦所譯之俱舍未具周全，義多有缺，決定重譯。《宋高僧傳》載：

> 釋普光。未知何許人也。明敏爲性。爰擇其木。請事三藏奘師。
> 勤恪之心同列靡及。至於智解可譬循環。聞少證多。奘師默許。末
> 參傳譯頭角特高。左右三藏之美光有功焉。初奘嫌古翻俱舍義多缺。
> 然躬得梵本再譯眞文。乃密授光多是記憶西印薩婆多師口義。〔註6〕

永徽二年（651）五月沙門元瑜奉奘師筆錄於大慈恩寺翻經院重譯《俱舍論》。永徽五年七月，大功告成，所譯新論，凡三十卷，題名爲《阿毘達磨俱舍論》，世稱新論。玄奘的新論把毘曇留下來的疑團，一掃而空。

永徽二年至顯慶四年（659）九年間，玄奘先後譯出小乘七論、婆沙論，同時更譯出批評俱舍之正理、顯宗二論。玄奘門人多有俱舍譯注，諸如法寶、神泰、普光等。玄宗時（713）以圓暉最爲著名，其時有禮部侍郎賈曾求法於他。圓暉把光記刪減爲十卷，並參照《寶疏》之疏解，著《俱舍論頌疏》，眉目清晰，易於理解，因而大盛，成爲普光、法寶後之傑出俱舍師。嗣後，有崇廙、慧暉、遁麟等人，弘傳俱舍，並有著作傳世。

及後，日僧智通、智達等於唐時來華求法，隨習「法相宗」而研習俱舍，回日後立爲宗派，學者輩出，著作亦豐，研此論者，有宗性、湛慧、快道、法廣、鴻信、英憲等。唐以後此宗漸衰，至元世祖時，帝師八思巴造《彰所知論》爲俱舍之最後光輝，此後繼而不傳。

〔註6〕《大正新脩大藏經》第五十冊 No.2061《高僧傳》卷第四，頁 0727a05（00）
～0727a11（13）。

　　自唐玄奘法師譯出《成唯識論》後，唯識學大盛，唯識與俱舍有合流之勢，古德有謂：「七年俱舍，三年唯識」之說，故研習俱舍成為唯識之基。玄奘後，唯識學亦漸衰，「俱舍學」亦隨之末落。直至民國期間，有居士歐陽竟無、楊文會、太虛等學者研究唯識，「俱舍學」之研究又有新的研習者。雖重燃此火，唯研習者大不如前。至今，在各地續有學者開講及研習俱舍。

第二節　俱舍宗在中國弘揚之情況

　　在中國自陳真諦法師譯出俱舍釋論後，原本依雜心論為主而研究之毗曇師（又名雜心師）漸次改為俱舍師。這股研習俱舍熱潮，一直伸延至唐代，到玄奘法師重譯俱舍又牽起另一番研究新俱舍之風。及後，奘師繼而譯出成唯識論後，俱舍與唯識合流，《俱舍論》成為唯識學之入門課程。唐朝會昌法難之後，唯識學一厥不振，連帶研習《俱舍論》者亦乏人問津。在唐代時期，有日本學僧道昭、智通、智達、玄昉親炙玄奘三藏及智周研習俱舍，歸國後弘傳於日本。其後齊明天皇（655～660），道昭大僧都傳入「法相宗」。「俱舍宗」是「法相宗」的附宗，廣弘此論，學者疏解人才輩出。在西藏，安慧之再傳弟子勝友曾傳譯《俱舍論》，十三世紀又有迦當派弟子加以弘傳，並有著作面世，甚見規模。密宗黃教更規定弟子必修俱舍，極為重視。

第一項：創立之原因

　　「俱舍宗」是漢傳佛教十宗之一，屬小乘有宗。俱舍者，是依世親菩薩所造之《阿毗達磨俱舍論》而立「俱舍宗」，又名「俱舍學」派，依此論研習者稱俱舍師。本宗除依《俱舍論》為主要論典外，還有《四阿含經》，《六足一身論》、《大毗婆沙論》、《阿毗曇心論》及《雜阿毗曇心論》等。須知，佛滅後一百年間，法無異說，佛法清淨一味。唯百年後，有大天論師作五事頌：「餘所誘、無知，猶豫、他令入，道因聲故起，是名真佛教」〔註7〕的學說，確立新義，為自己帶來毀譽參半，甚至毀多於譽的負面評價，於律戒修持各有己見，諍義遂起，從此一分為二，成為大眾部及上座部二派；及後二派，亦因義理上之差異，各樹旗幟，異論紛紛，二派本末先後輾轉分裂為二十個部派。

〔註7〕《大正新脩大藏經》第四十一冊 No.1822《俱舍論疏》卷第一，頁 0458b14（10）。

　　佛滅後三百年，上座部流出「說一切有部」先弘「對法」，後弘「經律」；四百年初，「說一切有部」又復出一部，名「經量部」。此部以經作依歸，不依「對法」及「律」。佛滅四百年間，有論師迦多尼子探從六足論義造《發智論》，重組有部教義；四百年頃，又有五百阿羅漢依犍馱羅國迦膩色迦王之請結集《大毘婆沙論》二百卷，廣釋《發智論》，由有部之宗義確立。婆沙面世後，有部宗徒尚嫌婆沙過於廣博，難窺其精義，故宗徒遂撮其要義而爲專書在坊間流傳。五百年中有法勝論師以《阿毗曇心論》太略，再造《雜阿毗曇心論》增補之。九百年頃，世親菩薩出世，初於「有部」出家，習其宗義，受持九部三藏，後學「經量部」，於自宗有所不足，見其當理，增訂雜心。其後，遂依《大毗婆沙論》造《俱舍論》，述一切有義，間以經部破之，以理爲宗，不偏一部。故《俱舍論》則取捨折衷於二十部外出一機軸者，然本論既依婆沙而作之，亦攝婆沙之要義而無漏，故頌言：「攝彼勝義依彼故，故立對法俱舍名。」〔註8〕是也。在印度學者稱此論爲《聰明論》，內外宗派共學之。後有部出一學人名眾賢論師，復造《俱舍雹論》再破世親之《俱舍論》。世親閱後，感於其作雖對俱舍之義有所裨益，但並無突破之作，他沉吟良久，對門徒言：「眾賢論師聰敏後進。理雖不足詞乃有餘。我今欲破眾賢之論。若指諸掌。顧以垂終之託重其知難之辭。苟緣大義。存其宿志況乎此論。發明我宗。遂爲改題爲順正理論。」〔註9〕

　　後來德慧、世友、安慧、稱友、滿增、寂天、陳那等；相繼製疏，詮釋《俱舍論》。由此「說一切有部」之教義邁向新紀元。

第二項：傳承與發展

　　「俱舍宗」在中國的弘傳分新舊兩個時期，早於南朝的宋、齊、梁三代研習「毘曇學」派者相當流行，「俱舍宗」的前身就是毘曇宗，當時習此宗之表表者有梁代之慧集及其弟子僧旻、法雲，於北方與慧集同時弘揚者有慧嵩、志念最爲出色。後漢桓帝建和二年（148），安世高傳譯毘曇和禪數之學，隨他習毘曇者人如潮湧。後更有竺法深的弟子法友、竺僧度等精於「毘曇學」，其中竺僧度更著有《阿毘曇旨皈》一書。

〔註8〕《大正新脩大藏經》第二十九冊 No.1558《阿毘達磨俱舍論》卷第一，頁0001b13（00）。

〔註9〕《卍新纂續藏經》第五十三冊 No.838《俱舍論頌疏序記》，頁0122a14（08）～0122a17（00）。

公元 383 年，大乘經教未張，禪數之學在坊間頗爲盛行，學者伽跋登翻譯阿毘曇尤爲著名。他更於建元十九年（383）與道安等共譯出《毘婆沙論》十四卷。翌年，他又與曇摩難提及僧伽提婆共譯《婆順密集經》及《僧伽羅刹經》。公元 384～385 年，曇摩難提議（兜佉勒人）譯出《中阿含》。僧伽提婆（罽陀羅人）於 383 年譯出《阿毘曇八犍度論》（《發智論》），及後，在 391年又譯出《阿毘曇心論》、《三法度論》除最後二論，其餘爲道安與法和修訂，而《八犍度論因緣品》於 390 年始由曇摩卑補訂。

其後，僧伽提婆與僧伽羅（罽陀羅人）於 397 年共譯《中阿含》，唯已佚。他亦嘗試重譯《阿毘曇心論》唯未能完成。在當時譯場中當推竺佛念和慧嵩二人。竺佛念獨自譯出《菩薩瓔珞本業經》和《十住斷結經》，而慧嵩與曇摩崛多共譯出《舍利弗阿毘曇論》。及後，法顯從天竺取得《雜阿毘曇心論》六千偈，與佛陀跋陀羅在道場寺譯爲十三卷。在劉宋元嘉三年，西域僧伊葉波羅譯出《雜阿毘曇心論》，唯未全部譯出。十一年僧伽跋摩與法雲共釋《阿毘心論》十四卷（今存十一卷，餘已佚。）元嘉十六年在坊間出現《阿毘曇婆沙論》一百卷，現存六十卷。毘曇之學可謂幾經波折及變遷，直至慧愷、道岳始成「俱舍宗」。

公元 563 年，陳天嘉四年正月，眞諦法師在廣州制旨寺譯出《俱舍論偈》一卷，已佚，同時作詳細講解，弟子記錄輯成《義疏》53 卷。天嘉七年二月，又應弟子之請重譯再講。光大元年（567）十二月譯畢，由慧愷筆錄便成爲《阿毘達磨俱舍釋論》二十二卷，稱舊譯。其後，法泰、智敷、靖嵩、道岳等人開始弘揚《俱舍論》，並成立俱舍宗，毘曇宗也隨之併入「俱舍宗」，其時智愷應僧眾之請在智慧寺陞堂宣講「俱舍學」，成我國講「俱舍學」的第一人。未幾，說法至疏釋第九卷業品，身患急疾，不久圓寂。之後，眞諦接而續講，至「惑品」亦因病而暫停，次年不治而歸天國。相傳眞諦爲智愷過世而悲痛不已，曾召集弟子十餘人，明令本門必傳弘《攝大乘論》及《俱舍論》令其薪火不能斷絕。故嗣眞諦法者必弘俱舍，弟子慧愷、慧淨、道岳等，也相繼製疏弘揚，此中最得力弘傳者爲道岳。

其後，唐永徽五年（654），玄奘大師於慈恩寺重譯《阿毘達磨俱舍論》三十卷，成爲日後「法相宗」的基本教材，名爲新譯派「俱舍宗」，也稱新「俱舍」。玄奘在中土時於長安從道岳研習《俱舍論》，其後因覺所傳經論多所歧異便立志往天竺取經，適遇磔迦國小乘三藏般若羯羅（慧性）問道《俱舍論》、

《大毘婆沙論》等疑義，使心中疑團大解；奘師又往迦濕彌羅國隨僧習《俱舍論》，復返那爛陀寺隨戒賢論師修學。玄奘於唐永徽二年五月回國，在大慈恩寺譯院重譯《阿毘達磨俱舍論》，並於永徽五年七月譯畢，合共三十卷。玄奘在翻譯俱舍過程中，將有部各毘曇論典所牽涉的問題追源溯本，一一加以釐清。之後，相繼陸續翻譯其餘相關的七種論典，包括《大毘婆沙論》及評破世親《俱舍論》的眾賢《順正理論》、《阿毘達磨顯宗論》等各論。

　　《新俱舍論》面世後，玄奘門人多有註疏弘傳此論，較著名者有：神泰、普光、法寶及圓暉四人。四人之著作之情況，詳列於下：

（1）普　光

　　唐代普光（七世紀）撰，凡三十卷，本書又稱《俱舍論光記》（略稱光記）。神泰、普光、法寶同爲《俱舍論》譯者玄奘之門人，被並稱爲俱舍三大家。三疏之中，各有特色，以泰疏爲最古，次爲光記，最後爲寶疏。隨文解釋是泰疏之特色，他的註疏，恰到好處，甚爲難得，若與光記互相對照，更顯玄奘之釋義。寶疏之特色將《俱舍論》之研究分爲五門，多站於大乘之觀點來看《俱舍論》，故對神泰、普光二師之說十分不滿。三大家之態度雖然彼此歧異，互有立場，誠然，在《俱舍論》之研究上，三家之學理亦不能不習。

（2）神　泰

　　唐代神泰撰《俱舍論疏》（略稱泰疏），原本已失，而原本之卷數有三十卷之說，有二十卷之說，今僅殘存七卷。神泰之傳記不明，是玄奘之高徒，普光之先輩。其文詞舒述簡潔，所說穩健，普光之《俱舍論光記》承神泰之說頗多，世稱《神泰疏》及光、寶（普光、法寶）二記爲《俱舍論》三大註釋之書。

（3）法　寶

　　唐代法寶撰，凡三十卷，此書與《俱舍論光記》皆爲《俱舍論》學者所必修。共分五門：初轉法輪時、學行之次第、教起之因緣、部執之先後及依文解釋。蓋法寶宗涅槃，信一性皆成佛，忌憚法相之五性各別義，而此常爲講新譯者所譏嫌。法寶因感光記解釋之繁瑣，大加排斥，自創獨特之解釋，後世亦有崇寶疏者，故今有光、寶二學派之諍論〔註10〕。

〔註10〕日本十八世紀學僧快道常林評本疏之特點，謂法寶多以一解爲決，並常斥泰疏、光記之非。

（4）圓　暉

唐代圓暉撰，凡二十九卷或三十卷，全稱《阿毘達磨俱舍論頌疏》（《略稱頌疏》）。又作《俱舍論頌疏論本》、《俱舍頌疏》、《俱舍論頌疏》、《俱舍論頌釋》。係解釋《俱舍論》六百行頌之作。撰者圓暉受晉州刺史賈曾之請，就《俱舍論》之頌，去其繁雜，針對要點，加以註釋，故行文簡易，頗盡其要，爲研究《俱舍論》之重要入門書。自序曰：

> 課以庸虛。聊爲頌釋。刪其枝葉。採以精華。文於廣本有繁。略敍關節。義於經律有要。必盡根源。頌則再牒而方釋。論乃有引而具注。木石以銷。質而不文也。冀味道君子。義學精人。披之而不惑。尋之而易悟。其猶執鸞鏡而鑒像。持龍泉以斷物。蓋述之志矣。愚見不敏。何必當乎。〔註11〕

由此以見其志。此書出於普光、法寶二疏之後，可謂《俱舍論》釋諸家中之後來居上者。本書原依據《俱舍論》本頌之形態，不含破我品；後由後人對破我品所引之頌作注釋，追補而成第三十卷。

未幾，日本淨土宗僧普寂撰《俱舍論要解》，凡十卷，共分七門：（一）明論之緣起，（二）明教起之意，（三）辯論之宗旨，（四）明藏之所攝，（五）明翻釋之異，（六）釋論之題目，（七）隨文解釋。本要解對《婆沙論》及《俱舍論光記》、寶疏等之解釋加以批評，然無引文與原文對照，使用上頗多不便。

及後，註疏解《俱舍論》不乏其人，計有崇廙著《俱舍論頌疏金華鈔》十卷、窺基《俱舍論鈔》十四卷、慧暉《俱舍論頌疏義鈔》六卷、遁麟《俱舍論頌疏記》十二卷、懷素《俱舍論疏》十五卷、神清《俱舍論義鈔》數卷、玄約《俱舍論金華鈔》二十卷、虛受《俱舍論疏》、憬興《俱舍論疏》三卷、法清《俱舍金華抄》、本立《俱舍論鈔》三卷、金印《同疏》等，弘傳「俱舍宗」義。至元世祖時，帝師八思巴造《彰所知論》二卷，此後暫無承傳。自唐朝會昌法難後，此論跟隨唯識學而衰微，乏人研習。之後，又出一位希聲居士在民國九、十年間研習《阿毗達磨俱舍光記》，並發表文章刊行《海潮音》月刊。十一年武昌佛學院訂立「俱舍學」一門供僧眾修讀，由史一如教授任教，以《俱舍論頌釋》作教材，「俱舍宗」又重現生氣，當時研習此宗最著名者有法航法師等三人。法航以寶疏爲副，光記爲主，互爲研讀，頗有成就。

〔註11〕《大正新脩大藏經》第四十一冊 No.1823《俱舍論頌疏論本》卷第一，頁0813b23（05）～0813b29（00）。

民國十八年法師在武昌陞座弘此宗之論要，十九至二十年間又在北平世界佛學苑教理苑（柏林寺）講授「俱舍宗」義，本有頌釋之編輯，唯稿於抗戰期間遺失。二十七年又在重慶漢藏教理院宣講此宗義理，發揮自如，並整理《俱舍頌科判》四卷。其後，歐陽漸爲南京內學院刊《光記》而作序，對「俱舍宗」之論典研習亦有影響。事實上，在當時對「俱舍宗」義撰文者亦不乏其人，諸如張建木、楊日長、楊白衣、慈斌、李世傑、化聲、寂安、一如、李添春、賢悟、化莊、昌言、葦舫、會中、永學、窺諦、沙解、道平、方孝岳、演培等均有貢獻。

在中國西藏佛教地區，安慧之再傳弟子勝友曾傳譯《俱舍論》，惟後期經朗達瑪王之毀佛，停滯不前；至後期約十三世紀，迦當派弟子在奈塘寺廣弘「俱舍宗」義，集此學於大成，加以弘傳。他曾博採西藏各派精要，著《對法莊嚴疏》，對此宗亦有貢獻，抉擇各家之說，故研習者重見規模。及後，黃教視此學爲必修之課，歷代大師均有注解，以利後學。

在唐代時期，有日本學僧道昭、智通、智達、玄昉等來華習俱舍，親謁玄奘三藏及智周門下稟承《俱舍論》，未幾，玄昉寺僧禮請智周在興福寺傳「俱舍宗」義，此學曾盛行諸寶刹。歸國後弘傳於大和國奈良，爲日本「俱舍宗」之始。其後齊明天皇即位四年，建立「俱舍宗」，廣弘此論，學者疏解人才鼎盛，嗣有行基、勝虞、義淵、護命、明詮相繼輩出，研習此論，可謂弘傳殊勝。在日本本土，「俱舍宗」多附於「法相宗」而兼學之，現殘存日久，不傳宗名，但學者注疏競出，遠超於中國數量。1973 年日人龍谷把梵、漢、藏、日、英等譯本輯成一集出版，名《梵本藏漢英和譯合璧阿毗達磨俱舍論本頌之研究——界品、根品、世間品》。

至今，上海學僧妙靈依玄奘譯本釋「俱舍宗」義，著有《論典與教學·略釋阿毗達磨俱舍論》上下兩冊，日人齊藤唯信著《俱舍論頌略釋》，台灣學僧智敏依窺基著疏著《俱舍論頌疏講記》等，弘傳此宗宗義。在論文方面，造此宗研究者雖有而不多，與其他諸如禪、華嚴、天台等宗之比較，較爲遜色。

第三項：價值及地位

「俱舍宗」以《俱舍論》而立宗，故《俱舍論》之義理便成爲此宗的重要價值所在。蓋弘「俱舍宗」者必學俱舍義，欲研習俱舍義者，必歸屬此宗，

兩者如波依水，有著分不開的關係。「俱舍宗」溯源於世親菩薩所作之《俱舍論》，本論作者著有「小論千部，大論亦千。」故有千部論主之稱，以見「俱舍宗」義之偉大作品。一個宗派是否有其價值地位存在，就先看其宗義可有中心思想，又能否令人轉迷爲悟，本論在印度問世後，除佛教各部外，其餘外道均爭相研習，更被譽爲《聰明論》之美譽，眾賢論師雖作《俱舍雹論》而攻擊，唯並無動搖本論之學術思想權威，可見它在印度具有劃時代之價值！

　　佛在世時，以一音宣妙法，世尊滅後百年分門立派共衍生本末二十支分派，門戶雖多，唯不離大小二乘，空有二宗。修習佛法理應究其根本，何者爲本？因佛法傳來中土，初以小乘成實俱舍二宗爲空有之代表，說空不能離有，談有又豈可不言空，既然二者代表小乘空有二宗之權威又豈能不加以研習。另外，「俱舍宗」義乃大乘唯識學之根，猶木之本也，因爲「俱舍宗」之七十五法中爲大乘唯識學日後發展成百法之根，故習大乘有宗者，又豈能不習俱舍。故歐陽竟無說：「學唯識法相學，應學『俱舍學』，如室有基，樹有其本。」〔註12〕由此可見，「俱舍學」實有其價值之所在。

　　從地位來說，本宗上依印度世親論師之論而開首，在印度算是劃時代之偉大思想，欲探討小乘或部派思想，研究本宗是必然的，不可或缺的。因爲他的理論主要闡發「說一切有部」的思想，本宗的理論已達登峰造極之小乘法座，捨短取長，不偏不黨，辭義善巧，理致清高，實當之無愧。在中國各師對本宗推崇備致，評價亦高。高僧廬山慧遠法師在《出三藏記集序》中說：「遠亦實而重之。敬愼無違。然方言殊韻難以曲盡。」〔註13〕東晉道安在《阿毘曇序》中說：「阿毘曇者，秦言大法。」〔註14〕

　　在《出三藏記集》序卷第十中更說：

　　　　余欣秦土忽有此經，挈海移岳，奄在茲域，載玩載詠，欲疲不能，……然後乃知大方之家富，昔見之至夾也，恨八九之年方闚其牖耳。〔註15〕

〔註12〕歐陽竟無著：〈阿毗達磨俱舍論敘〉，《俱舍論研究》（上冊），收入張曼濤主編《現代佛教學術叢刊（第22冊）。台北：大乘文化出版社，1978，頁11。

〔註13〕《大正新脩大藏經》第五十五冊 No.2145《出三藏記集》序卷第十，頁0072c27（10）～0072c28（01）。

〔註14〕《大正新脩大藏經》第二十六冊 No.1543《阿毘曇八犍度論》，頁0771a06（00）。

〔註15〕《大正新脩大藏經》第五十五冊，No.2145《出三藏記集》序卷第十，頁0073c23（02）～0073c25（03）。

再看玄奘的高徒普光在《俱舍論記》的評說：

> 斯論。乃文同鉤鎖結引萬端。義等連環始終無絕。採六足之綱
> 要。備盡無遺。顯八蘊之妙門。如觀掌內。雖述一切有義。時以經
> 部正之。論師據理爲宗。非存朋執。遂使九十六道。同翫斯文。十
> 八異部。俱欣祕典。自解開異見部製群分。各謂連城。齊稱照乘　唯
> 此一論。卓乎迴秀。猶妙高之據宏海。等赫日之曒眾星。故印度學
> 徒。號爲聰明論也。〔註16〕

從而得知，中國佛教之領袖對本宗的義理拜服至極，自愧不如。

　　自此，俱舍一宗在中國受到了各名僧大力推崇，而盛極一時。直至唐代，此宗與「唯識宗」合流，研究有宗者倡言「七年俱舍三年唯識」之說，從而奠定「俱舍宗」之地位。

　　印順法師曾說，俱舍一宗之義理是部派劃時代之作品，研究唯識、阿含經、大乘教理、部派佛教、毘曇作品，甚或日本佛教等，皆須研究「俱舍宗」不可。此宗在西藏黃教教派爲必修之學。現代台灣眾多佛學院也將此宗義理納入必修之課，其地位可見一斑。

第四項：定位及判教

　　「俱舍宗」修持方法爲四諦、八正道及十二因緣，而所證解脫果爲有餘依或無餘依涅槃，不證自性清靜涅槃及無住涅槃，亦不證佛果，唯證二乘菩提果。

　　此宗折衷有部而多採經部之義，故義理進步而開放，故又冠名「以理爲宗」。唯判釋東流一代佛教，大乘諸宗皆判爲小乘教派。

第五項：本宗之中心思想

　　「俱舍宗」以明諸法因緣，破遣外道，令斷執見，永離三界六道，教義內容以「我空法有」、「三世實有」爲宗旨，主要依世親菩薩所造的《俱舍論》思想而立其正理。全論共九品〔註17〕，可分爲「法的性質與功能」、「眾生輪迴之因緣與果報」、「明所證悟世界之因緣果報」、「評破執有」等，

〔註16〕《大正新脩大藏經》第四十一冊 No.1821《俱舍論記》卷第一，頁 0001a14（06）～0001a22（01）。

〔註17〕有關《俱舍論》總共有八品，抑或九品，至今學界未有定論。

茲分述如下：

一、諸法概論，以五蘊、十二處、十八界分析萬法之種類，並統攝為七十五法分別探討，以明事理。二、因果論，說明一切世間法必依因緣和合而起，並以六因、四緣、五果來闡述有情無情之名色作用。三、輪迴轉生論，透過三界、五趣、四生闡述眾生流轉的情況及以十二因緣三世兩重因果以明其相狀，以探討有情世間及器世間的各種情形，以說明佛教之宇宙觀。四、業感論，詳細分析業之種類，眾生輪迴六道的原因。五、隨眠論，說明令眾生沉迷六道三界之根本煩惱及剷除煩惱之方法。六、斷證論，以明超凡入聖之方法及所證得果位之內容。七、破執論，說明無我論之立場及評破執有之部派佛教及外道。以上是本宗的中心思想，茲列簡表如下：

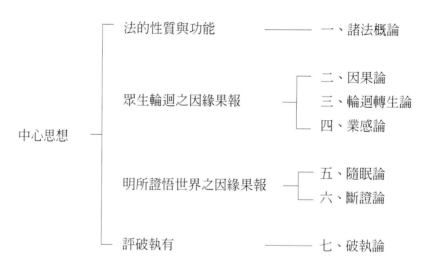

二、「俱舍宗」的中心教義是依因緣法說明所有色心諸法，以五位七十五法闡明「現在有體，過未無體」之說。俱舍師言諸法實有，有生有滅，現在為生，過去為滅，而滅乃現在必然之推移，無待因緣，而生者須依賴其它之因，故有六因、四緣、五果之說。俱舍師認為所謂「我」者既然要依因待緣而起，故應無常——主宰之我體，只是五蘊和合假立而名之，都無實體故，一如琴音。故此宗在法有我無之基礎上立有漏、無漏兩重因果論。

第三章　俱舍宗所依之典籍

　　「俱舍宗」的組織與教學十分精密，而所依之經爲《四阿含經》，論爲《六足一身論》、《阿毗曇心論》、《雜阿毗曇心論》、《大毗婆沙論》及《俱舍論》等。佛教從根本大眾部及上座部分裂之後逐漸形成，當時分裂成二十個部派。從上座部出之「說一切有部」被視爲正統，活躍於迦濕彌羅國。世親出家於一切有部，對有部、經部三藏甚爲通透。其後更冒險潛進迦濕彌羅國學習有部教義達四年之久。他返回本國即依一切有部所依之經論講授《大毗婆沙論》，整理後寫成六百俱舍頌及論釋八千頌，而造《俱舍論》流傳後世。世親之《俱舍論》依法救尊者之《雜心論》而造，而《雜心論》是依《六足一身論》而製成，由此可知，《俱舍頌論》是依一切有部之作品爲根而加以改良之產物是不可置疑的。

　　此宗依《俱舍論》而立宗，故名「俱舍宗」。「俱舍宗」除依《俱舍論》外，兼奉《四阿含經》爲宗旨，傍依北傳《七論》、《大毗婆沙論》、《阿毗曇心論》及《雜阿毗曇心論》等。茲簡述諸經論之要義如下：

第一節　《四阿含經》

　　此宗除以《俱舍論》爲正論外，其餘所依之經有四：（一）長阿含經、（二）中阿含經、（三）雜阿含經、（四）增一阿含經，此爲漢譯《四阿含經》（以下簡稱《四阿含》或《阿含經》。阿含意譯法歸、法藏、傳教、教法、無比法、趣無、知識等義，其義約爲所傳承的教說或集其大乘的經典。《四阿含》的內

容甚豐，但歸納而言，亦不出四諦、十二因緣、五蘊、十二處、十八界三科之教理。從實踐階位而言，以三十七道品而得解脫。《四阿含》指北傳漢譯之四部原始佛教之根本經典，亦是一切小乘經之分類，四部名稱依其經文之體裁而命名。《四阿含》是分別經纂，依其篇幅長短以及形式上和法數的關係，亦同時兼顧各經所說之義理及範圍而作出分類。據學者考證，《阿含經》的主要內容始於佛滅之後九十日結集而成，所有材料都經釋尊弟子審定及通過口頭傳承而流傳後世。

　　《四阿含》的具體內容：《長阿含》以表揚佛教之特色，指出外道異說；《中阿含》以深入四聖諦法，辨析空理，破惑除痴；《雜阿含》以「能」、「所」、「所爲」三方面，作出分析，區別事物；《增一阿含》則以眾生之悟性深淺，循序漸進而爲其說法。《阿含經》文簡樸實，可直截了當體會釋迦傳統教化思想之模式。

　　近代學者對《四阿含》之研究，乃以西方學者爲先驅，而由日本學者作進一步之論究。其成果雖豐碩，然大抵皆較偏於巴利聖典之研究，而忽略其他語文之原始聖典。漢譯四阿含因卷帙浩繁、篇章重複、詞語反覆、譯文拙澀等因素而較不普及，故我國近代佛學之研究，於認識阿含經典之重要後，乃趨向於阿含思想之探討。以雜阿含爲例，現存本由於內容不完整，且次第紊亂、脫落，加以經文生澀難懂，近代學者遂重新整理本經。《四阿含》的內容，茲列簡表如下：

表：四阿含經內容簡表

經　名	卷　數	譯　　者	名稱由來	主要內容
長阿含	二十二卷	後晉佛陀耶舍，竺佛念共譯。	篇幅較長的經文，名長阿含。	簡別外道異說，表揚釋教之優點。
中阿含	六十卷	東晉瞿曇僧伽提婆譯。	結集篇幅是中等的經文，名中阿含。	以辨析空理，破惑除痴，深入四聖諦法。
雜阿含	五十卷	劉宋求那跋陀羅譯。	內容複雜，集爲同類，名雜阿含。	以「能」、「所」、「所爲」三方面，區別事類。
增一阿含	五十一卷	東晉瞿曇僧伽提婆譯。	從一數增至十一，名爲增一阿含。	隨眾生之根基而說法，多說布施至涅槃之道理漸次徹入。

第二節　《六足一身論》

六足一身論是有部宗所依之論典，分別爲《阿毗達磨集異門足論》、《阿毗達磨毗法蘊足論》、《阿毗達磨施設足論》、《阿毗達磨識身足論》、《阿毗達磨界身足論》、《阿毗達磨品類足論》、《發智論》。初六論中，以舍利子所造之《阿毗達磨集異門足論》爲首，其餘五足與前論義門同等狹隘，故稱足論。六論中之作者及其先後次第有三說，玄奘舊傳一說、稱友釋《俱舍論》又一說、西藏他拉那他及布通等又傳一說。身論是指《發智論》，文義具足，義門完備，故取名身論。七論中爲「說一切有部」之根本教義，其論除以有部學說爲基本內容外，並兼論當時部派佛教之間所爭論之問題。《發智論》的集雜、結、智、行、四大、根、定、見等八蘊，依此而作俱舍頌論。茲將七論簡介如下：

第一項：阿毘達磨集異門足論

阿毘達磨集異門足論：凡二十卷，印度舍利子造，唐玄奘譯。又作「說一切有部」集異門足論（略稱集異門足論），爲阿毘達磨六足論之一。本論係舍利子爲預防佛陀入滅後之諍論而作，計分十二品：第一緣起品，明示舍利子代佛陀結集法律之緣起。自第二之一法品至第十一之十法品，明示一法乃至十法之法門。第十二讚勸品，明示佛陀之印可。此論常引法蘊足論，故必作於書之後。又廣本有一萬二千頌，今流傳者爲八千頌。此外，有關本論之作者另有異說。

第二項：阿毘達磨法蘊足論

阿毘達磨法蘊足論：凡十二卷，印度大目犍連造，唐玄奘譯。又稱說一切有部法蘊足論（略稱《法蘊足論》）。全書共分二十一品，即：學處品、預流支品、證淨品、沙門果品、通行品、聖種品、正勝品、神足品、念住品、聖諦品、靜慮品、無量品、無色品、修定品、覺支品、雜事品、根品、處品、蘊品、多界品、緣起品。本論與巴利文論藏中之七論比較，內容甚爲相似。

第三項：阿毘達磨施設足論

阿毘達磨施設足論：小乘有部根本論藏之六足論之一。全稱阿毘達磨施設足論。唐玄奘三藏譯出六論中之五部，尚未譯及此論便止。舊譯《俱舍論》

卷一以下名此論爲分別假名論，舊譯婆沙論亦往往有所引用。北宋法護等所譯之施設論七卷，即此論之節譯本。施設足論之完整本，今唯有西藏本，存於丹珠爾中，其內分：（一）世間施設，（二）因施設，（三）業施設。漢譯之施設論即其第二因施設，然亦非全譯。本論之作者，或謂大迦多衍那，或謂係大目犍連所造。

第四項：阿毘達磨識身足論

阿毘達磨識身足論：凡十六卷，印度提婆設摩（意譯天寂、賢寂）造，唐玄奘譯，略稱《識身足論》。本論說明識心與肉身相應具足，應如法修行。有七千頌，分爲六品，即：目犍連蘊、補特伽羅蘊、因緣蘊、所緣緣蘊、雜蘊、成就蘊。初品建立「說一切有部」之教義，論破目犍連之「過去無體現在有體說」；第二品論破補特伽羅論者之有我說；第三品以下敘述教義，說明法有我空之理。

第五項：阿毘達磨界身足論

阿毘達磨界身足論：凡三卷，印度世友造，唐玄奘譯於龍朔三年（663），略稱《界身足論》。本論分爲二品，即：（一）本事品，敘說十大地法、十大煩惱地法、十小煩惱地法、五煩惱、五見、五觸、五根、五法、六識身、六觸身、六受身、六想身、六思身、六愛身等。（二）分別品，略分十六門，廣立八十八門，分別心所與五受、六識、無慚無愧等之相應不相應，及蘊、處、界與心所之相應不相應。

第六項：阿毘達磨品類足論

阿毘達磨品類足論：凡十八卷，印度世友造，唐玄奘譯，略稱《品類足論》。係因五法、五蘊、十二處、十八界等法雖眾多而流類不同，本論乃隨品類，而條貫義理，收攝一切法，周圓滿足而不亂。計有八品，即：辯五事品、辯諸智品、辯諸處品、辯七事品、辯隨眠品、辯攝等品、辯千問品、辯決擇品。

第七項：阿毘達磨發智論

阿毘達磨發智論：凡二十卷，佛滅後三百年，印度迦多衍尼子造，唐玄奘譯，略稱《發智論》。本論則文義具足，故以身譬喻之，稱爲身論。七論爲

「說一切有部」宗之根本論。本論以「說一切有部」學說爲基本內容，兼論當時部派佛教間爭論之各類問題，共立八蘊，即：（一）雜蘊，說明四善根、四聖果、有餘涅槃、無餘涅槃等種種法。（二）結蘊，說明三結、五蓋等種種結使。（三）智蘊，說明聖者斷除惑障，而得無漏之智。（四）業蘊，說明身、口、意三業所起之善惡諸行。（五）大種蘊，就三世說明四大種所造之善惡色法。（六）根蘊，就四果及三世說明六根、五根等色法。（七）定蘊，說明三界諸天之定與二乘所修之定有種種不同。（八）見蘊，說明凡夫外道之斷、常二見及六十二見等種種之見。

第三節　《大毘婆沙論》

　　《大毘婆沙論》則是佛教第四次結集之作品，全論共有二百卷。毘婆沙梵文是「VIBHASA」的音譯，意爲廣解之意，全稱《阿毘達磨大毘婆沙論》，簡稱《毘婆沙論》，是北印度五百大阿羅漢等撰，以解釋和宣傳《發智論》的大型著作及小乘「說一切有部」所依之論藏。唐三藏玄奘法師譯，顯慶四年（659）譯出，通行本有《大正藏》本等。一般認爲，它是解釋迦多衍尼子所造的《阿毘達磨發智論》爲主的一部巨論。此論是何時形成？雖有異說，但一般認爲是在迦膩色迦王時結集而成的。全書依《發智論》之體系編纂而成，共分八蘊，即《雜蘊》、《結蘊》、《智蘊》、《業蘊》、《大種蘊》、《根蘊》、《定蘊》、《見蘊》等。詳見下表：

表：八蘊

名　　目	內　　　　　容
雜蘊	說明心理與宇宙現象存在的關係。
結蘊	是指精神與物質之世界，由於一切「見」所引起之煩惱。
智蘊	說明各種智可以消除各種不同的煩惱。
業蘊	是說明結、智兩蘊如何地形成。
大種蘊	是指雜蘊中精神與物質世界相互解說成就之關係。
根蘊	將各根性的心理、生理相互解說成就之關係。
定蘊	在說明無願、空相、般若智與禪定，指示智蘊消除結蘊。
見蘊	以佛陀之四諦正見，以破外道之邪見。

　　世親以有部迦濕彌羅師〔註1〕之正統見解，廣納各見，並對世友、法救、妙音、覺天四大論師及犍陀羅師〔註2〕的解說作了批評之外，更根據《大毗婆沙論》批判《發智論》八蘊之理論觀點，並全面及有系統地總結了「說一切有部」的理論主張。不單如此，同時對佛教內部派別，例如法藏部、化地部、犢子部、飲光部、分別說部及外道例如：數論、勝論、順世論，耆那教等的觀點進行了嚴厲之批駁，可說是，有部教理之集大成者，東方系代表之作也。如《光記》云：毗婆沙者，毗名為廣、勝、異之義，婆沙名說，謂彼論中，分別義廣，故名廣說。說義勝故，名為勝說。五百羅漢，各以異義，解釋法智，名為意說。由於婆沙論之編輯，令部派佛教義理廣為宣揚，對大乘佛教亦產生極大影響。

　　大毗婆沙論主張「三世實有」、「法體恆存」，是部多元實在論書籍。七論與婆沙之內容，詳見下表：

表：《六足一身論》及《大毗婆沙論》〔註3〕

論　　名		卷　數	作　者	譯　者	年　份
（1）六足論	阿毗達磨集異門足論	二十卷	尊者舍利子說	唐玄奘譯	佛世時
（2）六足論	阿毗達磨毗法蘊足論	十二卷	尊者大目犍連造	唐玄奘譯	佛世時
（3）六足論	施設足論	未傳譯	大迦多衍那造	缺譯	佛世時
（4）六足論	阿毗達磨識身足論	十六卷	提婆設摩造	唐玄奘譯	佛滅百年間
（5）六足論	阿毗達磨界身足論	三卷	尊者世友造	唐玄奘譯	佛滅四百年間
（6）六足論	阿毗達磨品類足論	十八卷	尊者世友造	唐玄奘譯	佛滅四百年間
（7）一身論	阿毗達磨發智論	二十卷	迦多衍尼子造	唐玄奘譯	佛滅四百年間
（8）大毗婆沙論		二百卷	五百聖眾	唐玄奘譯	佛滅六百年間

〔註1〕代表東系，又稱東方師，由迦游延的弟子組成。
〔註2〕代表西方系又稱西方師、外國師、舊阿毗達磨師。
〔註3〕參見楊白衣：〈俱舍要義〉，《俱舍論研究》（上冊），收入張曼濤主編：《現代佛教學術叢刊》（第22冊）。台北：大乘文化出版社，1978，頁125。

　　從一至七論坊間稱其六足一身論，首三論者，爲釋迦牟尼在世時依次由舍利子說，大目犍連及大迦多衍那造；次一論是釋尊滅度約一百年後由弟子提設摩所造；第五至七三論是釋尊滅度後約四百年（另一說爲五百年）後由尊者世友所造；而大毗婆沙論是釋尊滅度後約六百年後由五百聖眾加以結集。對於上述七論又不同於分別說部〔註4〕之南傳七論。南傳巴利文系之上座部七論爲：（一）人施設論、（二）界論、（三）法聚論、（四）分別論、（五）雙論、（六）發趣論、（七）論事。詳見下表：

表：南傳七論〔註5〕

論　名	內　　容
《法集論》	又稱《法聚論》。本書之首列舉善法、不善法、無記法以下一百二十二門的論本母（即論的主題）和漏法、無漏法以下四十二門的經本母（即經的主題）。正文分爲四品（又稱四章）：《心生起品》、《色品》、《概說品》、《義釋品》。對散見於《阿含經》中的術語，如五蘊（色、受、想、行、識）等加以組織、整理、定義和細緻的辨析。在「七論」中，它是最早產生的、基礎性的論書。書首所列的論母一百二十二門（即一百二十二個論本母）被《分別論》、《界論》、《雙論》和《發趣論》所引用。日文版《南傳大藏經》中的《法聚論》共有七冊，近代范東寄將其中的第一冊譯成漢文，仍題名爲《法聚論》，有《普慧大藏經》、《大藏經補編》本行世。它的全本由今人郭哲彰譯出，收入臺灣出版的《漢譯南傳大藏經》第四十八冊。
《分別論》	本書是《法聚論》的續作。全書分爲十八品（又稱「十八分別」）。依次爲：《蘊》、《處》、《界》、《諦》、《根》、《緣行相》、《念處》、《正勤》、《神足》、《覺支》、《道》、《禪定》、《無量》、《學處》、《無礙解》、《智》、《小事》、《法心》。其中前十五品（即《蘊品》至《無礙解品》多由

〔註4〕分別說部，指的是佛滅後三百年間，統一的上座部中自從「說一切有部」分出以後，剩下的那部分「根本上座部」（略稱「本上座部」），因主張對未盡的教理作分別論究而得名。一般認爲，「說一切有部」和分別說部是上座部最初分裂時形成的兩大支派。但古印度清辨《異部宗精傳釋》（藏譯本）和西藏多羅那他《印度佛教史》（有漢譯本）則將「說一切有部」、犢子部和分別說部自分別說部，是分別說部下面的四小部。由於分別說部主要是在斯里蘭卡發揚光大的，故後世一般將傳到斯里蘭卡的那部分上座部佛教稱爲分別說部，又稱「南傳上座部」。傳今的巴利文三藏就是南傳上座部的經典。分別說部的論典有七部，略稱「七論」。看作是上座部下的三大支派，並認爲化地部、飲光部、法藏部和傳到斯里蘭卡的銅碟部（又稱「紅衣部」）出自分別說部，是分別說部下面的四小部。

〔註5〕賴永海主編：《中國佛教百科全書‧經典卷》。上海：古籍出版社，2000，頁54～55。

	有經分別、對法（論）分別、問分三段組成；末三品（即《智品》、《小事品》、《法心品》）則由論母和廣釋二段組成。它的全本已由今人郭哲彰譯出，收入臺灣出版的《漢譯南傳大藏經》第四十九冊、第五十冊。
《界論》	又稱《界說論》。全書分為十四品，對蘊、處、界等法的攝與不攝、相應與不相應關係，特別是與心識、情感、善惡有關的各類名詞術語，如五根（眼、耳、鼻、舌、身）、五塵（色、聲、香、味、觸）、六識（眼識、耳識、鼻識、舌識、身識、意識）等的定義、組合和關聯展開了討論。本論的內容與漢譯《品類足論》卷三、卷八至卷十、卷十八，以及《眾事分阿毗曇論》卷二、卷六、卷七、卷十二所述大體相近。有覺音的《界論注》加以注釋。它的全本已由今人郭哲彰譯出，收入臺灣出版的《漢譯南傳大藏經》第五十冊。
《人施設論》	本書之首列舉論母，將《阿含經》中有關「人施設」（即人我）的各種論述，按一法至十法的增支分類編排，正文則對這些論母（名詞概念）進行具體的辨析和解說。本論的內容與漢譯《舍利弗阿毗曇論》中的《人品》，以及《集異門論》十分接近。它的全本已由今人郭哲彰譯出，收入臺灣出版的《漢譯南傳大藏經》第五十冊。
《雙論》	又稱《雙對論》。全書分為十品：《根本雙論》、《蘊雙論》、《處雙論》、《界雙論》、《諦雙論》、《行雙論》、《隨眠雙論》、《心雙論》、《法雙論》、《根雙論》。其中第一品《根本雙論》和第八品《心雙論》只有施設分（包括總說和義釋）；第七品《隨眠雙論》分為七分：隨增分、有隨眠分、斷分、遍知分、已斷分、生分、界分；其餘各品均分為三分：施設分、轉分、遍知分。書中用問答的方式，對諸法（指佛教名詞術語）的定義及相互關係進行了闡述。它的全體已由今人郭哲彰譯出，收入臺灣出版的《漢譯南傳大藏經》第五十一冊至第五十三冊。
《發趣論》	又稱《發趣大論》。通行本有臺灣版《漢譯南傳大藏經》本等。本書之首為論母（包括設置分和緣分別分），正文由二十四發趣（即二十四品）組成。即先分為四會：順發趣、逆發趣、順逆發趣、逆順發趣。每一會之下，又開展出六各發趣：三法發趣、二法發趣、二法三法發趣、三法二法發趣、三法三法發趣、二法二法發趣。從而構成二十四發趣。對事物興起的各種因緣條件等有關的名詞術語展開了詳細的論述。
《論事》	又稱《論事說》。通行本有臺灣版《漢譯南傳大藏經》本等。全書分為二十三品，每品下設論，共有二百十七論。對西元前三世紀僧團中的各種論爭作了記敘，批駁了大眾部、「說一切有部」等所持的二百一十九種見解，同時闡明了分別說部的觀點。如：過去、未來法無實體；四諦（苦諦、集諦、滅諦、道諦）可以頓得現觀；緣起無為；三界（欲界、色界、無色界）無「中有」；阿羅漢無退（證得阿羅漢後不會退轉）；補特伽羅無我（即人無我）；三乘（聲聞、緣覺、菩薩）修道不同等。有覺音的《論事注》為之注釋。

　　在分別說部「七論」中，除《論事》一書，是阿育王時目犍連子帝須為記敘當時佛教僧團內部的紛爭，確立自己一派的正統地位而編纂以外，其餘六論都托稱出自「佛說」。但實際上，它們都是以契經（《阿含經》）的材料為基礎，加以自己的理解，重新組織的。其中部份成立較晚，如《雙論》。據對勘發現，《分別論》與「說一切有部」的《法蘊足論》，《界論》與有部的《界身足論》，《發趣論》與有部的《識身足論》在討論的主題上有相似之處。

　　分別說部的上述「七論」，大概在西元前二世紀後葉已經存世，因為稍後形成的《彌蘭陀王問經》已經提到「五尼柯耶」和「七論」的名稱。此後，分別說部又撰作了一些論典，其中最為有名的是兩部：一是西元二世紀斯里蘭卡僧人優波底沙著的《解脫道論》〔註6〕，二是西元五世紀印度僧人覺音在斯里蘭卡撰的《清淨道論》〔註7〕。

第四節　《阿毗曇心論》

　　《阿毗曇心論》（略稱《心論》），法勝音譯達磨尸梨帝，西域吐火羅縛蜀國人。縛蜀應為縛蝎（或喝），即現今之"Balkh"，是古代吐火羅政治中心之月氏重鎮。據西藏史學家之傳說，法勝已證阿羅漢，因厭惡四眾紛爭而北往，有關其出生年代及事蹟，眾說紛紜。《心論》為印度法勝比丘所造，東晉僧伽提婆及慧遠合譯之作。《心論》以發智論、六足論為基礎，及後編集《大毗婆沙論》便確立了「說一切有部」之立場。法勝有鑒於婆沙教義廣博，為利益眾生便於學習，於西元 250 年將其義理寫成 250 偈語，可說是對小乘佛教作基本概念一總結。其中包含有漏、無漏、色法、十八界、十二因緣、三十七道品等論述。其後釋論曾出數部，在印度習此論者亦風靡一時。東晉孝武帝

〔註6〕　《解脫道論》卷 12。梁僧伽婆羅譯，天監十四年（515）譯出。（參見：《大正新脩大藏經》第三十二冊 No.1648《解脫道論》。）

〔註7〕　《清淨道論》今人葉均譯，通行本有中國佛教協會刊行本。本書是在《解脫道論》的基礎上廣作增訂補充而成的。全書分為二十三品，前二品（《說戒》、《說頭陀支品》）說戒：中間十一品（《說取業處》、《說地遍》、《說餘遍》、《說不淨業處》、《說六隨念》、《說隨念業處》、《說梵住》、《說無色》、《說定》、《說神變》、《說神通品》）說定：後十品（《說蘊》、《說處界》、《說根諦》、《說慧地》、《說見清淨》、《說度疑清淨》、《說道非道智見清淨》、《說行道智見清淨》、《說智見清淨》、《說修慧之功德品》）說慧。對戒、定、慧的定義、種類、修持方法、福德等進行了詳細完備的論述，為南傳上座部佛教教理的集大成者。

太元九年（384）僧伽提婆將其譯爲中文，唯因符秦末年戰亂頻生，故譯事倉卒，方言未熟，文義不全。其後僧伽提婆東入洛陽，通曉漢言，自知前譯多有違失，於是重訂譯文，決意南渡江南，慧遠迎其入廬山，於東晉孝武帝太元十六年（319）重譯《心論》濃縮爲四卷，慧遠作序讚揚。其中異譯本有北齊那連提耶舍與法智共譯之《阿毗曇心論經》六卷，又劉宋僧伽跋摩等譯出《雜阿毗曇心論》十一卷，皆收入《大正藏》第二十八冊。

　　《心論》傳入中國對阿毗達磨的發展貢獻甚大。其中是創作偈頌，以「少文攝多義」，便於記憶。另本論之特色，是依四諦組織概括《阿毗達磨經》之精神及宗要。本論在印度極受有部師所推崇，注解此論，後出數家。其後有論師法救兼採「婆沙」之說，將此論內容加以增補，遂成《雜阿毗曇心論》，雖有調和諸家論爭之意，但仍遭「婆沙師」歧視。《心論》重譯後爲諸賢在廬山樹立佛學了義之先聲，時人爭相學習。至於，法勝的《阿毗曇心論》改編自《甘露味論》之言論，偈頌是出於創作的，長行大多數爲《甘露味論》原文，略有潤飾及修正與補充。近代學者比對兩者之原文，皆表認同，似無異議。試比對一節，以作明證。詳見下表〔註8〕：

表：《阿毗曇心論》與《甘露味論》行品之比較

甘露味論行品	阿毗曇心論行品
「是諸法有四相：起、住、老、無常」。 問：若有四相，是應更復有相？答：更有四相，彼相中餘四相俱生：生爲「說一切有部」爲主的論書與論師之研究生，住爲住，老爲老，無常爲無常」。 「問：若爾者不可盡」！ 「答：展轉自相爲」。	「一切有爲法，生住變異壞」。 「一切有爲法，各各有四相：生、住、異、壞。世中起故生，已生自事立故住，已住勢衰故異，已異源故壞。此相說心不相應行」。 「問：若一切有爲法各有四相者，是有爲法復有相？答：是亦有四相。彼相中餘四相俱生：生爲生，住爲住，異爲異，壞爲壞」。 「問：若爾者便無窮」！ 「答：展轉更相爲」。 「此相各各相爲，如生生各各相生，住住各各相住，異異各各相異，壞壞各各相壞：是以非無窮」。

〔註8〕　參見印順法師：《說一切有部爲主的論書與論師之研究》。台北：正聞出版社，2002，頁 493～494。

次從「心論」的組織次第來比較兩者之異同：

表：《阿毘曇心論》與《甘露味論》組織次第之比較〔註9〕

阿毘曇心論	甘露味論
界品	陰持入品
行品	行品
業品	業品
使品	結使禪智品
賢聖品	三十七無漏人品
智品	智品
定品	禪定品・雜定品
契經品	餘八品
雜品	雜品

再從論義與組織的特色來說明兩者之立場：

《心論》是依《甘露味論》而改編的，但法勝對《甘露味論》部分義理不完全同意的，並採取了修正。詳見如下：

一、從論義說：《心論》不同於《甘露味論》而順毘婆沙師的，如不立「九無學」而立「六種」，不立「六修」而說「二修」。然從全論的意趣來說，每與《甘露味論》不合，異於毘婆沙師正義，更傾向於「說一切有部」的異師。（一）採取妙音說的，如暖頂通於欲界，宿命通「六智」攝。（二）採取外國師說的，如立「八纏」，色界十七天不立大梵而立無想處。（三）採取《大毘婆沙論》中異師之說，如菩提分實事唯十，十六行相外，別有無漏行相，無諍智通四禪及欲界及命根通非異熟。（四）又如行相通於一切心心所；三空處三十一道品，有頂二十一道品，三地有願智，法辯辭辯一等智，應辯義辯通「十智」，此皆與毘婆沙師之義不合，與《甘露味論》不同。《心論》不但同情西方、外國師說，「說一切有部」的異義，而且上座別系分別說者的論義，也有所採用，如稱中間禪爲無覺少觀，與銅鍱部同。意業無教，同於《舍利弗阿毘曇論》。無教假色，是順於經部譬喻師的。正法滅時失律儀，《大毘婆沙論》稱爲「持律者說」，實與法藏部相同。法藏部，本是重律的學派。在這

〔註9〕參見印順法師：《說一切有部爲主的論書與論師之研究》。台北：正聞出版社，2002，頁494～495。

些論義中，最重要的是「無教假色」，這是背離阿毘達磨者的立場，而隨順當時大爲流行的經部。從阿毘達磨論的發展來看，存有背棄「說一切有部」的意圖，故《心論》可說是世親《俱舍論》的先聲了。

二、從組織來說：法勝的《心論》，對古型的阿毘達磨，是十分重視的。每品的名稱，如「界品」，「業品」，「智品」，「定品」，都見於《舍利弗阿毘曇論》。《舍利弗阿毘曇論》有「煩惱品」與「結品」，「發言論」也稱爲「結蘊」；《心論》依《甘露味論》——取《品類論》說，立爲「使——隨眠品」。《舍利弗阿毘曇論》有「人品」，《甘露味論》立「三十七無漏人品」，《心論》改名「聖賢品」。「行品」，是依《甘露味論》。《心論》前七品的組織次第，比起《甘露味論》，更爲簡明，井然有序。

說到品目的的前後，《品類論》的「辯五事品」與「辯諸處品」，統攝法數而作諸門分別。「辯七事品」明相攝相應。這種次第，本淵源於《舍利弗阿毘曇論》。《舍利弗阿毘曇論》的「問分」、「非問分」，除去纂集部分，也就是統列法數，諸門分別。其次是相攝相應，因緣相生。《甘露味論》初立「陰持入品」（《心論》改名「界品」），統列法數，諸門分別，以此攝一切法。次立「行品」，明四相相爲，心心所相應（附論不相應），四緣六因相生。《心論》的組織次第，前二品大體與《甘露味論》一致。如改「陰持入品」爲「界品」（界，就是持的異譯），內容相同，「界品」末了，增一「諸法攝自性」頌。這說明上來是從攝自性的論究中完成的；如以上說爲自相、共相，那「諸法攝自性」頌，就是攝相。此下「行品」，就是相應相、因緣相了。這兩品，總攝了阿毘達磨（古典）的重要論門——自相、共相、相攝、相應、因緣。阿毘達磨論者，又從古典的隨類纂集（施設）開展了一一論題——業、結（使）、定、智、根、大、見、人等的一一論究。《品類論》的「智品」、「隨眠品」；《發智論》的八蘊，除「雜蘊」外，都是從這類別的研究而來。現在，《心論》以前二品，概括了阿毘達磨的總相分別——通論一切法的體用。再以「業」、「使」、「聖賢」、「智」、「定」——五品，爲阿毘達磨的分別論究——別說有漏無漏。這一組合，結合了、統攝了阿毘達磨的一切論義。在組織上，《心論》雖與《甘露味論》的意趣不合，但確有獨到之處，這所以成爲後代論師造《雜心論》、《俱舍論》的軌範了〔註10〕。慧遠在《阿毘曇心序》中，對毘曇的核

〔註10〕印順法師：《說一切有部爲主的論書與論師之研究》。台北：正聞出版社，2002，頁509。

心著作《心論》有如下的評述：

> 阿毘曇心者。三藏之要頌。詠歌之微言。管統眾經領其宗會。故作者以心爲名焉。有出家開士。字曰法勝。淵識遠覽極深研機。龍潛赤澤獨有其明。其人以爲阿毘曇經。源流廣大難卒尋究。非贍智宏才。莫能畢綜。是以探其幽致別撰斯部。始自界品訖于問論。凡二百五十偈。以爲要解。號之曰心。其頌聲也。擬象天樂若雲籥自發。儀形群品觸物有寄。若乃一吟一詠。狀鳥步獸行也。一弄一引。類乎物情也。情與類遷。則聲隨九變而成歌氣與數合。則音協律呂而俱作。拊之金石。則百獸率舞。奏之管絃。則人神同感。斯乃窮音聲之妙會。極自然之眾趣。不可勝言者矣。又其爲經標偈以立本。述本以廣義。先弘內以明外。譬由根而尋條。可謂美發於中暢於四枝者也。發中之道要有三焉。一謂顯法相以明本。二謂定己性於自然。三謂心法之生必俱遊而同感。俱遊必同於感。則照數會之相因。己性定於自然。則達至當之有極。法觀。則睹玄路之可遊。〔註11〕

慧遠認爲，《心論》的組織結構的特色在前八品中闡述，包括三個方面：顯法相以明本，定己性於自然，心法之生必俱游而同感。故該論確實以解明法相爲根本，而使人們領會佛教的基本教義，「法相顯於眞境，則知迷情之可返；心本明於三觀，則睹玄路之可遊。」〔註12〕由此可見，闡述一切法相，不能光說形而脫離其本質的「自性」，必須「定己性於自然」，而「則達至當之有極」，即算是眞正了解法相，了解宇宙。

第五節　《雜阿毗曇心論》

法救尊者造《雜阿毗曇心論》又譯《雜阿毗曇毗婆沙》、《雜阿毗曇婆沙》、《雜阿達磨論》，簡稱《雜心論》，是「說一切有部」之重要經典。法救鑒於《大毗婆沙論》之典籍浩瀚難解，故精簡法勝《阿毗曇心論》之要義再加序品、擇品及三百五十偈而成六百餘偈之《雜阿毗曇心論》。劉宋時僧伽跋摩於元嘉十二年（435）由寶雲傳語，慧觀筆受，譯出此論。前人法顯與迦維羅衛禪師覺賢於東晉安帝義熙末（417～418）共譯十三卷。

〔註11〕《大正新脩大藏經》第五十五冊 No.2145《出三藏記集》，頁 0072c01～0072c21。

〔註12〕《大正新脩大藏經》第五十五冊 No.2145《出三藏記集》，頁 0072c02（02）。

　　本論作者法救是北印犍陀羅國人，屬於「說一切有部」的名僧，生於布路沙邏城，距佛滅若九百年，故推算他是西元四世紀中的人。法救通有部各家教理，爲調和內部之衝突，在伽藍寺增補法勝的《心論》而別出《雜阿毗曇心論》。本論論主見《心論》過於簡約，又有鑒於《大毗婆沙論》過於龐雜，而折衷兩者，使篇幅適中，詳略得宜，易於理解爲目的。本論的基本精神以概括《阿毗曇心論》之心要而流於尊經輕論，其文與新興的經部主張相若，以業、惑爲集諦，定、慧爲道諦而異於毗曇舊說。

　　《雜阿毗曇心論》在歷史上前後五次譯作漢文，對中國佛教影響不少，曾廣泛得到佛教學者珍而重之。據《雜阿毗曇心序》記載：

　　　　尊者多羅復即自廣引諸論敷演其義。事無不列列無不辯。微言玄旨於是昭著。自茲之後。道隆於世。涉學之士莫不寶之以爲美談。〔註13〕

由此可見，此論曾對佛教小乘思想之轉承發揮了重大之影響。近代學者游俠對《雜阿毗曇心論》之內容有精簡的論述。〔註14〕

　　本論分十一品，即（一）界品、（二）行品、（三）業品、（四）使品、（五）賢聖品、（六）智品、（七）定品、（八）修多羅品、（九）雜品、（十）擇品、（十一）論品，爲方便掌握其內容與四諦之關係，簡列一表如下：

表：《雜阿毗曇心論》之內容

次第	一	二	三	四	五	六	七	八	九	十	十一
品名	界品	行品	業品	使品	賢聖品	智品	定品	修多羅品	雜品	擇品	論品
內容	以蘊處界三科概論一切法。	說有爲法依眾緣而成。	明有情生死流轉之因。	述業發生作用的七種煩惱。	明煩惱消滅的境界。	明自性能審觀四諦之實相。	以智生定及其種類。	說施戒修名義。	對以前諸品所說未盡之義重加抉擇。	廣加抉擇重要義理。	主要提示論議實例及義理作應用。
四諦	苦諦	苦諦	集諦	集諦	滅諦	道諦	道諦				

〔註13〕《大正新脩大藏經》第五十五冊 No.2145《出三藏記集》，頁 0074b12（05）～0074b14（03）。

〔註14〕詳見游俠：〈雜阿毗曇心論〉，《中國佛教》第3輯，中國佛教協會編。上海：東方出版中心，1996，（第3版），頁366～368。

第六節　《俱舍論》

　　《阿毗達磨俱舍論》素有聰明論之稱，又稱《阿磨論》等，簡稱《俱舍論》。俱舍具有篋藏和刀鞘之義。作者乃人稱千部論主之世親菩薩。本論譯師為唐玄奘，共譯三十卷。《俱舍論頌》總共有六百零四頌，初三頌明造論之緣起，是為序分；中六百頌明所擇漏無漏法義，是為正宗分；末一頌勸發心、求解脫，是為流通分。世親是北印犍陀羅人，生於公元五世紀。時北印廣為流傳有部毗婆沙師為正宗，最初他亦隨眾而學習，後採經部之說，對毗婆沙師作出批評。據說，他為深入了解《大毗婆沙論》，喬裝學人入迦濕彌羅國研習，及後被有部論師悟入識破才回犍陀羅國。此後，世親陞堂說《大毗婆沙論》，每說罷一段即以頌概括其義，共成六百頌，即《俱舍論本頌》，隨後更作長行注解八千頌。由於這部論著總結有部六足、一身及婆沙論之要義，同時亦依此而製成《俱舍論》，故立其名為《阿毗達磨俱舍論》。《本頌》初傳至迦濕彌羅國時受當地學人擁戴歡迎，他們誤以為世親弘宣《大毗婆沙論》。其後，世親把頌注解成長行後才發現是批評《大毗婆沙論》。實際上這部著作不但取替當時《大毗婆沙論》的地位，而且成為「說一切有部」等小乘教派作了總的批判。〔註15〕

　　《俱舍論本頌》以四諦為綱領，保存應有之傳統精神，它除了闡述四聖諦法外，還解說了蘊處界、二十二根、色心、心所有及不相應行法，以及六因四緣等思想。在流通分更表明《本頌》以《大毗婆沙論》而闡釋阿毗達磨，並加以批評。《俱舍論疏》曰：

> 毗婆沙師傳說。如此者舉執義人。論主不皆信。諸阿毗達磨師所說悉得佛意。故言毗婆沙師所傳若傳之有謬。則失不在我論主。後破毗婆沙執。故先置此言也。〔註16〕

誠然，世親在長行中則以事論事，指出《大毗婆沙論》之問題所在，長篇大論，反覆論辯。例如，他批評《婆沙》之「三世實有」、「法性恆有」，多用經部之主張破斥婆沙師，同時，又對經部師之蘊處界等亦力加破斥。由此可見，世親是本著「以理為宗」之標準而作出評論，以見其獨立持論之精神。

〔註15〕有說《俱舍論本頌》以《阿毗達磨雜心論》為藍圖，再攝取《大毗婆沙論》之資料炮製而成篇，《俱舍論本頌》是《大毗婆沙論》之綱領提要。

〔註16〕《卍新纂續藏經》第五十三冊　No.836《俱舍論疏》，頁　0005a15（00）～0005c09840）。

　　《俱舍論》以簡明扼要去解說有部之宗義，故能在短短六百頌將《婆沙》義理概括無遺，較之於以前同類之撰述善巧方便，精湛絕倫，因而獲《聰明論》之美譽，並風行各地，故極受後世推崇。其後，世親門人爭相撰作注疏，以破斥婆沙師所說「有善巧可通大乘階梯」之謬誤，如安慧作《眞實義疏》，陳那作《要義明燈疏》，安慧子弟增滿（一說是德惠）作《隨相疏》，世友作《論疏》，稱友作《明了義疏》，靜住天作《俱舍論疏要用論》（一稱《會經疏》）。

　　《俱舍論》及其注疏的西藏文譯本有以下各種：一、《阿毗達磨俱舍論頌》；二、《阿毗達磨俱舍論譯》，三十卷；三、眾賢造《俱舍論疏譯》，即《顯宗論》，四千五百頌，失譯；四、陳那造《俱舍論疏要義明燈論》，四千頌；五、安慧造《俱舍論大疏眞實義論》；六、增滿造《俱舍論疏隨相論》，一萬八千頌；七、稱友造《俱舍論疏明了義論》，一萬八千頌；八、靜住天造《俱舍論疏要用論》。這些譯本都收在西藏文大藏經丹珠爾之內。〔註17〕

　　《俱舍論》在印度思想界既然發生了這樣的重大影響，有部論者自然激烈抗辯，其中有一位眾賢論師用了十二年之心血研習《俱舍論本頌》，並作了新的解釋，並駁斥了經部各說，企圖爲有部翻案，其書更名爲《俱舍雹論》，後經世親更名爲《阿毗達磨順正理論》。由於《俱舍論本頌》是「俱舍宗」所依之主要論書，其內容龐雜，組織嚴謹，義理深邃，故在第四章再作詳論。

　　世親造俱舍頌論之標準，以理爲依歸，對各派之見不存朋黨、摒除偏見。故取捨義理，時有批判一切有部，多取經量部之義。雖然如此，其所造之俱舍頌論見解獨特、思維廣大，不單使九十六種歧見融合，而且遂使二十部派異執共研此學，受五印內外學派推崇爲《聰明論》，其論義之精細，可見一斑。茲列本頌之內容如下〔註18〕：

表：俱舍頌論之品卷頌內容

排　序	九　品	卷　數	內　　容	頌　數
			歸敬序	3
1.	界品	2	說明諸法之本體	44
2.	根品	5	說明有無漏一切法的作用	74

〔註17〕　詳見呂澂：〈阿毗達磨俱舍論〉，《中國佛教》第3輯，中國佛教協會編。上海：東方出版中心，1996，（3版），頁362～363。

〔註18〕　參見齊藤唯信著、慧圓居士譯：《俱舍論頌略釋》。高雄：諦聽文化事業有限公司，1997，頁43。

3.	世間品	5	明有漏果	99
4.	業品	6	明有漏因	131
5.	隨眠品	3	明有漏緣	69
6.	賢聖品	4	明無漏果、別明有無漏果	81
7.	智品	2	明無漏因	63
8.	定品	2	明無漏緣	39
9.	破我品	1	明無我理	
			流通分	1
	共 9 品	共 30 卷		共 604

　　有關《俱舍論》本頌和釋論之梵文本在天竺早期散失，只殘餘稱友所作《俱舍論釋疏》一部份之引用文句。1946 年，印度學者戈克爾，以攝錄形式携回，校勘此原本及發表。玄奘則譯出《阿毘達摩順正理論》八十卷、《阿毘達磨藏顯宗論》四十卷。其餘注疏均未曾譯，僅見奘門注譯部份口傳之說。其後，佚名者節譯安慧眞實義疏起首兩品之部份，題名爲《俱舍論實義疏》五卷，在敦煌卷中發現。

　　中國佛教學者在未譯《俱舍論》之前，阿毘達磨之毘曇師皆以雜心論爲主，故時人稱研究此學者爲雜心師。直至《俱舍論》在中土面世後，奉行者漸次改爲俱舍師了。俱舍文簡義豐、辭煩理瑣，集小乘教理之精華，故單讀原文者，若語文根基不穩，佛學修爲不足，亦難以理解其玄義。故古德爲利益後學，加以疏注。有見於眞諦譯出《俱舍釋論》，爲譯眾反複解說，並著有《俱舍義疏》六十卷，以弘傳之。及後由慧愷寫成義疏五十三卷。之後道岳收錄遺稿，並將其刪減至二十二卷。次爲慧淨，自通俱舍，著疏三十餘卷。往後繼有陳智愷法師疏八十餘卷，唐紀國寺惠淨法師疏三十卷，普光寺道岳疏二十二卷，學者蔚集，疏釋輩出，研究舊俱舍者，盛極一時，宗幢高豎，號曰毘曇，與成實宗互相輝映。自玄奘從印度返國，將俱舍重譯，奘師之所以再譯俱舍之原因，蓋舊俱舍未能滿足時人之知識慾望矣。《俱舍論頌疏論本》云載：「陳朝三藏眞諦法師有於嶺南。譯成二十二卷。大唐三藏。永徽年中。於慈恩寺。譯成三十卷。翻譯不同。非無所以。由前譯主未善方言。致使論文義在差舛。至如無爲是因果。前譯言非。」〔註19〕

　　因其解釋簡明，法相完備，更可作大乘唯識學說研習之階梯，學人甚爲重視，遂形成研習新風，而奘師門人，多有注疏，如唐普光作《俱舍論記》三十卷及俱舍法宗原一卷、法盈修之俱舍頌疏序記一卷、法寶之俱舍論疏三

〔註19〕《大正新脩大藏經》第四十一冊 No.1823《俱舍論頌疏論本》，頁 0815b29（09）～0815c03（04）。

十卷、圓暉（又節略光、寶各家疏義，及解本頌並附釋第九破執我品中之各頌。）撰《俱舍論頌疏》十卷、神泰作疏三十卷、慧暉之頌疏義抄六卷、遁麟之頌疏記十二卷、窺基之俱舍論鈔十卷、懷素之疏十五卷、神情之義鈔數卷、玄約之金華鈔二十卷，憬興之同疏三卷、慈恩之俱舍論鈔四卷、本立之俱舍論鈔三卷、令印之同鈔三卷等，其中以神泰、普光及法寶最爲著名。蓋諸師注疏俱舍不遺餘力，新俱舍在佛教界大開燦爛之花。新譯注疏，玄奘門下，以神泰、普光、法寶三家被譽爲註釋大家，其後圓暉之頌疏更能發揮文義〔註20〕。相反，舊俱舍遂爲影晦、疏釋佚散，殊爲可惜！

此論在當時流傳於迦濕彌羅國，世親論師主要吸收經量部的觀點，修改有部謬誤之義理，又依經論評破有部觀點，當時內外學者、大小乘論師及學者所珍視。故欲理解部派佛教，不得不研究此論。茲列俱舍（新舊譯）、心論和雜心論三者之論品內容主要分別如下：

陳·真諦譯《俱舍論》（舊譯）	唐·玄奘譯《俱舍論》（新譯）	法勝《阿毗曇心論》	法救《雜阿毗曇心論》
分別界品	分別界品（卷1～2）	界品	界品
分別根品	分別根品（卷3～7）	行品	行品
分別世間品	分別世品（卷8～12）	業品	業品
分別業品	分別業品（卷13～18）	使品	使品
分別惑品	分別隨眠品（卷19～21）	賢聖品	賢聖品
分別聖道果人品	分別賢聖品（卷22～25）	智品	智品
分別慧品	分別智品（卷26～27）	定品	定品
分別三摩跋提品	分別定品（卷28～29）	契經品	契經品
破說我品	破執我品〔註21〕（卷29～30）	雜品	雜品
		論品	擇品〔註22〕
			論品

〔註20〕近代學者香港唯識泰斗羅時憲教授則以圓暉之疏最爲推崇。
〔註21〕印順法師對〈破我執品〉有以下之見解：「第九〈破執我品〉，實爲世親的另一論書。前八品都稱「分別」，第九品稱「破」，是立名不同。前八品舉頌釋義，第九品是長行，是文體不一致。《順正理論》對破《俱舍論》，而沒有〈破我執品〉。這都可以證明爲另一論書，而附《俱舍論》以流通的。《俱舍論法義》，舉六證以明其爲別論，早已成爲學界定論了。」（印順：《說一切有部爲主的論書與論師之研究》。台北：正聞出版社，2002，頁655）。
〔註22〕擇品是法救爲對當時眾多論師的不同見解與諍論予以廣加簡別，以建立有部一宗之說，而別立的一品。

第四章　《俱舍論》之著、譯者、意趣、 組織、內容及特色

第一節　《俱舍論》之著者及譯者

第一項：著者——世親之生平及著作

（一）生　平

世親，梵名 Vasubandhu，音譯婆藪〔註1〕槃豆〔註2〕，又名婆修槃陀，譯為天親，新譯為伐蘇畔度，譯為世親，以父母求世天親愛而名，或言為天帝之弟，故名天親。釋迦牟尼佛入滅後約九百年時，世親誕生於北印度犍馱羅國的北天竺富婁沙富羅國人也。富婁沙譯為丈夫富羅譯為土。〔註3〕（今巴基斯坦的白沙瓦）的村落中，本姓嬌尸迦為四姓中最高的婆羅門種族，父親為婆羅門教著名領袖，極受群眾所擁戴及當時國君超日王的禮敬，世親誕生在

〔註1〕 婆藪：譯曰世天，毘紐天之異名也。（《大正新脩大藏經》第五十冊 No.2049 《婆藪槃豆法師傳》，頁 0188a12（04）。）

〔註2〕 《婆藪槃豆法師傳》：「有三子同名婆藪槃豆。婆藪譯為天。槃豆譯為親。天竺立兒名有此體。雖同一名復立別名以顯之。第三子婆藪槃豆。於薩婆多部出家得阿羅漢果。別名比鄰持（定梨反）跋婆。比鄰持是其母名。綖婆譯為子亦曰兒。此名通人畜如牛子亦名綖婆。但此土呼牛子為犢長子」。（《大正新脩大藏經》第五十冊 No.2049《婆藪槃豆法師傳》，頁 0188b24（08）～0188b29（00）。）

〔註3〕 《大正新脩大藏經》第五十冊 No.2049《婆藪槃豆法師傳》，頁 0188a11（10）。

特殊階級的婆羅門種族中，地位顯赫，他道心堅定，早歲捨俗出家，一生追求真理，為印度思想界作出了巨大的貢獻。作者兄弟三人，沐浴在祖傳的宗教氛圍中，受婆羅門教的文化教育薰陶。長兄無著〔註4〕，在大乘瑜伽行派是著名的論師，先悟小乘空理，後遂通達實相，專弘大乘；幼弟師子覺，著有《阿毗達磨集論釋》，出家於小乘二十部中之薩婆多部，也是圈中才人，在佛教界中，同樣享負盛名。世親出家始習小乘學一切有部典籍，精通三藏，學通內外，著五百部小乘經論，他的名著《俱舍論》吸收了大量的經部思想，並深受其影響，時力斥大乘非佛說。世親年十五，已禮光度羅漢出家，受毘婆訶菩薩為其授戒。未師事闍夜多之前，常一食不臥，六時禮佛，清淨無欲，為眾所歸。世親聞其說，初於阿踰闍國薩婆多部出家，研學小乘既通大毘婆沙論之義，為眾講之，一日作一偈，共作六百偈，稱為《俱舍論》。世親論師天生聰慧，初遵奉小乘教理，造五百部之小乘論，起初抨擊大乘佛教，認為大乘非佛所說。後來在中印度阿踰陀（梵 Ayodhya）國，無著菩薩故意遣門人誦《華嚴經》〈十地品〉和《阿毗達磨經》〈攝大乘品〉，使世親得聞大乘教義，深悔自己向來見解的淺薄，懺悔小執之非，開始作《華嚴經》〈十地品〉和《攝大乘論》的解釋，爾後又造論、釋經約百餘部，轉而弘揚大乘佛法，成為唯識理論的奠基者之一。後經其兄無著之示誨，欲斷舌謝其罪。無著云：「汝既以舌誹謗大乘，更以此舌讚大乘可也。於是造唯識論等諸大乘論，弘宣大教，於是作五百部之大乘論，一生著作人呼為千部論主。」〔註5〕其時聲譽甚隆，外道聞風畏服，終壽與釋迦同歲為八十，寂於阿踰闍國。

　　根據後代學者研究，在印度名世親論師者多於一人，唯造《俱舍論》及《唯識三十頌》之世親無異，故甚為可信也。世親造出小乘阿毗達磨的《俱舍論》及大乘《唯識三十頌》，集小乘教義之大成及建立佛教大乘唯識學思想之體系，可謂地位崇高，一時無兩，對後代影響甚大。

〔註4〕 無著：（梵 Asanga，音譯阿僧伽，A.D. 310-390c 或，A.D. 336-405）在世親童年時，即先於有部出家，但後來受到彌勒菩薩（梵 Maitreya，意譯「慈氏」）的啟發，而由小乘改宗大乘。據《大唐西域記》傳說，無著菩薩上昇兜率天（梵 Tusita）從彌勒菩薩受學《瑜伽師地論》。無著菩薩所作的《攝大乘論》、《大乘阿毗達磨集論》、《顯揚聖教論》，是最先嘗試將唯識思想組織化的論著。彌勒、無著菩薩亦同被視為唯識學派的創始人，與世親菩薩並稱為唯識三大論師。

〔註5〕 《大正新脩大藏經》第四十二冊 No.1827，《百論序疏》，頁 0234c06～10。

（二）著　作

世親回小向大後，致力於瑜伽、唯識學之弘揚，制定了大乘佛教唯識瑜伽行派的教理基礎。世親菩薩的論著與注釋的典籍甚多，其重要著述有：《十地經論》十二卷、解釋《華嚴經》〈十地品〉、《無量壽經.優波提舍願生偈》、《金剛般若波羅蜜經論》、《唯識二十論》、《大乘百法明門論》、《大乘成業論》、《大乘五蘊論》、《釋軌論》、《三自性論》、《攝大乘論釋》、《大乘莊嚴經論釋》、《中邊分別論釋》十五卷、《法性分別論釋》、《俱舍論》三十卷、《廣百論》、《菩提心論》、《往生論》、《大乘百法明門論》、《止觀門頌論》……四十多種，晚年最後之作《唯識三十頌》未造釋論而壽終，著作等身，有「千部論主」之美譽，可謂名副其實，從佛教思想的觀點看，是劃時代的一位偉大之思想家、宗教家及創作家。

世親的理論觀點是外境是識所顯現，本身並不實在。他把宇宙萬有劃分為五類：一、心法（精神現象），二、心所有法（心的隨屬現象或作用），三、色法（物質現象），四、不相應行法（非精神、非物質的生滅現象），五、無為法（不生、不滅和與真理相應的現象）等，並以此說明：心法是識自體，心與心所有法相應；色法是識所變現；不相應行法是區別於心、色的假立；無為法是前四類斷染成淨的最終結果，提出一切眾生按善惡種子不同分為聲聞、獨覺、如來、不定、無性有情等五種，按其修持結果不同，因而有異，這明顯與他宗所說不同。

第二項：譯者——眞諦及玄奘之生平

中國佛經之翻譯，自漢代始，以外人主譯為主。至唐玄奘西行回國後，譯場之門廣開，為中國譯史上大放異彩。《俱舍論》之宗旨以無漏眞智作為對法，世親論師初著本論於天竺，佛教徒莫不爭相研習。在中國，佛學既來自天竺，文字自然異於華夏，國人要了解佛法的實義，自是通過翻譯的工作。礙於時代不同，譯師亦異，譯來中華的佛學，往往同一經論，所譯之本，義非一也，本論傳入中土，譯本有二：一是陳眞諦譯，一是唐玄奘譯。《俱舍論》在中國有兩位譯者，舊譯譯者陳眞諦三藏法師，是中國佛教的四大翻譯家之一。新譯的譯者唐玄奘三藏法師，則集中國最偉大的留學生、旅行家、探險家、翻譯家、佛學家等高譽於一身，其一生翻譯佛經七十幾部，卷帙達一千三百多卷，不僅數量龐大，質地精良，譯文精準，信達雅兼備，稱他是世界文明史上最偉大的翻譯家，一點也不為過。

（一）真　諦

眞諦是印度優禪尼國之僧波羅末那，此云眞諦三藏。其所譯之作名《阿毗達磨俱舍釋論》（簡稱《釋論》）。考《釋論》的譯出，譯者是於梁武帝大同十二年間，泛海入華，應帝之請，攜梵卷二萬餘東來，弘法利生。公元 548年，當時適值梁室危殆，國事紛亂，入京遇「侯景之亂〔註 6〕」，避難於蘇、杭，暫穩住腳，即開譯業，惟中土對唯識一學，頗爲冷淡，大志難伸，內心孤獨，加上戰火頻仍，被迫退居江西九江、南昌、奉新等地。公元 554 年，師南投蕭勃於廣東之北韶關續譯經事業。其後戰火蔓延，眞諦再次遷流贛州、南昌、撫州、福州、惠陽等地，期間雖翻譯不斷，但感棲遑靡託，知音難遇，嘆謂「弘法非時，有阻來意」〔註 7〕，故揮淚西返。所謂「柳暗花明又一村」，正值傷心失意，乘船返國途中，歸船卻被狂風吹回廣州，並受官吏刺史歐陽頠虔誠供養，其後更巧遇智愷法師等高足，承傳唯識學統，眞諦本懷得展，譯業順利開展，弟子禮請師譯《攝大乘論》，二年譯畢，師又萌西歸之念。智愷及僧忍乃恭請他講俱舍，得諦師慈允，於陳文帝元嘉四年正月二十五日，譯講俱舍於制止寺，惑品還沒有講完譯畢，就遷到南海續講，到了十月時候，才譯成論偈一卷，論文二十卷。到元嘉五年二月二日，智愷與僧忍，又懇切地要求諦師把論文重譯一遍，到光大元年十二月十五日，才敲定前本之始末究竟，成爲現在藏中所藏的論本，這是俱舍第一次譯來我國。由於中土地大，其學只限於嶺南之地弘傳，間受批評，眞諦對此稍有感觸，圓寂前，聚徒於佛前，立下盟誓，囑咐弟子，續傳《攝大乘論》及《俱舍論》，不可斷滅。誓畢以古稀之年，登壇說法，終因積勞成疾，寂於經壇。及後，陳之智愷，唐之淨慧等，各作疏以弘傳，爲《俱舍論》在中國翻譯之始。眞諦所譯經論很多，而無著世親系的唯識法相學傳入中國，也自眞諦三藏始。

眞諦在中土所譯之典總計 76 部 315 卷，其中內容涵蓋三藏法典、大小二乘、因明、經錄、翻譯理論等，其翻譯態度嚴謹，史家對他評語是：一句之中，反復審閱，備盡考證，釋義相應，方乃著文。故他成爲佛經四大翻譯家之一。

〔註 6〕侯景之亂指的是在中國南北朝時期的梁武帝太清二年（公元 548 年）八月，東魏降將侯景勾結京城守將蕭正德，舉兵謀反。蕭正德派大船數十艘，暗中接濟侯景軍輜重。（參閱《資治通鑑》卷 162。）
〔註 7〕《大正新脩大藏經》，第五十冊 No.2060《續高僧傳》，頁 0430c08（05）～頁 0430c09（04）。

（二）玄　奘

唐代高僧。洛州緱氏縣（河南偃師）人，俗姓陳，名褘，曾祖、祖父同為朝官，父棄官習儒，醉心孔學，可謂書香世代。少時家貧，聰敏好學，世稱唐三藏，意謂其精於經、律、論三藏，熟知所有佛教聖典，為我國傑出之譯經家，「法相宗」之創始人。師之生年，一說為隋代開皇二十年（600）。其兄先出家於洛陽淨土寺，法號長捷。師自幼從兄誦習經典，亦嫻儒道百家典籍。大業八年（612），洛陽度僧時，大卿理鄭善果，見師年紀雖小，然對答出眾，器宇不凡，破格以沙彌身分錄入僧籍，名噪一時。師乃與兄共居淨土寺，隨慧景聽《涅槃經》，從嚴法師聽《攝大乘論》。

貞觀元年（627）玄奘結侶陳表，請允唐太宗批準西行求法。惟當時突厥侵擾邊疆，唐朝為免有國人私通外敵，嚴禁人民出關。玄奘西行心決，冒死私往天竺。貞觀元年，玄奘從長安出發，經秦州、蘭州、涼州，潛行至瓜州，循北道出玉門關，越過八百里的莫賀延磧大沙漠，到達伊吾，後轉高昌，長途跋涉五萬餘里。貞觀五年，抵摩揭陀國的那爛陀寺受學於戒賢。貞觀十年玄奘離開那爛陀寺，沿印度繞圈一周歸國。貞觀十九年，玄奘返回長安，時年 46 歲，出遊外達 17 年，歷 56 國。史載當時「道俗奔迎，傾都罷市」。玄奘從印度攜回之佛教原典文獻，共 526 筴，合共 657 部。

玄奘在大慈恩寺譯的叫做《阿毗達磨俱舍論》，有三十卷，時在唐高宗永徽二年，即去今一千二百五十年頃，奘公是翻譯界的泰斗，所譯經論宏偉，古今翻譯界中，無有相與比之。

玄奘法師，一生功業，善緣彪炳，可謂前無古人，後無來者，他不單是翻譯家、旅行家，而且是佛教理論家。他介紹中亞、印巴次大陸的風土遺聞，傳譯其宗教典籍，在中外文化交流史、交通史、以至宗教史上，均有重要地位。「唐僧取經」早已成為千百年來家傳戶曉之故事，此乃真人真事之堅忍事蹟，其成功，絕非偶然，蓋其影響有如下數點：

1. 翻譯典籍

玄奘精通梵文，所譯經典，上下連貫，文字精鍊，於舊譯處，矯正錯誤，成譯經史上一新紀元，於佛教義理，貢獻良多。其所譯經典，所耗韶光，凡十九年，共譯梵文，一千三百三十五卷，共譯經論七十五部，當代佛典，均已著錄，並保存於宋、元、明、清之南、北藏經，以及日本《大正藏》、朝鮮《高麗藏》中，又於金陵刻經處刻成《玄奘譯撰專集》四百冊單行傳世，其

繙譯之典籍，流播天竺，中文譯本遂爲研究古代印度宗教、歷史、文學和自然科學之重要文獻。

2. 振興國威

玄奘西歸回唐，太宗爲表揚其功績，賜「聖教序」以資獎勉。他的一生，好學堅毅之精神，爲國人之楷模，吸收創造之才能，將大唐之聲威，遠播海外，爲異邦所敬仰。《大唐三藏聖教‧序》記載：

> 有玄奘法師者。沙門之領袖也。幼懷貞〔敏／心〕。早悟三空之心。長契神情。先苞四忍之行。松風水月。未足比其清華。仙露明珠。詎能方其朗潤。故以智通無累神測未形。超六塵而迴出。夐千古而無對。凝心内境。悲正法之陵遲。栖慮玄門。慨深文之訛謬。思欲分條析理廣彼前聞。截僞續眞開茲後學。是以翹心淨土往遊西域。乘危遠邁杖策孤征。積雪晨飛途間失地。驚砂夕起空外迷天。萬里山川。撥煙霞而進影。百重寒暑。躡霜雨而前蹤。誠重勞輕求深願達。周遊西宇十有七年。窮歷道邦詢求正教。雙林八水味道餐風。鹿苑鷲峰瞻奇仰異。承至言於先聖。馳驟於心田。八藏三篋之文。波濤於口海。爰自所歷之國。總將三藏要文。凡六百五十七部。譯布中夏宣揚勝業。引慈雲於西極。注法雨於東陲。聖教缺而復全。蒼生罪而還福。濕火宅之乾焰。共拔迷途。朗愛水之昏波。同臻彼岸。是知惡因業墜善以緣昇。昇墜之端惟人所託。譬夫桂生高嶺雲露方得泫其華。蓮出淥波飛塵不能污其葉。非蓮性自潔而桂質本貞。良由所附者高則微物不能累。所憑者淨則濁類不能沾。夫以卉木無知。猶資善而成善。況乎人倫有識。不緣慶而求慶。方冀茲經流施將日月而無窮。斯福遐敷與乾坤而永大。〔註8〕

足可證其實也。

3. 豐富佛學

玄奘取經，求學戒賢，該寺僧衆，將近萬人，其時，玄奘法師，雞群鶴立，鰲頭獨佔，爲那蘭陀寺首席講者，將印度「法相宗」加以發揚，曾以梵文著《會宗論三十頌》及《眞唯識量頌》，開壇論辯，集僧衆七千人，經十八

〔註8〕 《大正新脩大藏經》第五十二冊 No.2103《廣弘明集》卷第二十二，頁 0258b19 （02）～p0258c16（05）。

天，居然無人能破玄奘一條。奘師歸國創唯識大乘教，傳授門人，遂成「唯識學」。

4. 歷史地理成就

貞觀十九年，玄奘回國，太宗命他撰述所見所聞，著成《大唐西域記》，詳盡記錄佛教聖蹟及神話，又以行程為經，地理為緯，錄得天山南、北百一十國及二十八個城邦、地區、文化語言、政治情況之歷史、地理資料。

5. 文化交流

中印兩地，受天然環境影響，兩國人民不易接觸，玄奘等西行，促使中印文化得以交流，中國從印度輸入各種佛典經論、曆法、醫學、天文、算術、藝術、工業、因明學；奘師又將《道德經》、《秦王破陣樂》……譯成梵文，輸入印度，對中印文化之交流，貢獻極大。故印度柏天樂教授說：玄奘是有史以來翻譯家第一人，是中印兩民族的共同遺產。演培說：

> 奘師於中國佛教貢獻甚為偉大，可算佛教界的第一功臣！〔註9〕

第二節　本論之意趣

《俱舍論》集小乘部派佛教之大成，主要是依四諦徹觀迷悟因果之理，而達至涅槃之無漏真智為宗旨。全論統攝《大毘婆沙論》之要義，分九品六百頌。九品者：界、根、世間、業、隨眠、賢聖、智、定及破我品等。界、根二品，明宇宙萬有之體用；世間品以下三品，明迷之原因及結果；聖賢品以下三品，明悟境界之原因及結果；破我品則明無我之理兼破他宗及執我為實之謬誤。從而導引迷者證無漏之真智，去妄念之塵垢，達涅槃之境矣，古人為方便學人記誦，用一偈蓋具卷品之別。偈曰：界二根五世間五，業六隨三賢聖四，智二定二破我一，是名俱舍三十卷。

古來多說此宗於小乘二十部中屬薩婆多部（有部），或說為經部，莫衷一是，考其取向，雖屬薩婆多部，唯以有宗之學礙窒真理，故論主張其錯義，疏理矯正，以理為宗，不偏不黨，立為本宗。又本論既以徹迷悟因果之理，而達涅槃之無漏真智，依四諦教義，如實修行，證大涅槃，蓋苦依集而生起，滅依道而證成是也。

〔註9〕演培：〈俱舍論釋題〉，《俱舍論研究》（上冊），收入張曼濤主編《現代佛教學術叢刊》第 22 冊。台北：大乘文化出版社，1978，頁 64。

第三節 《俱舍論》之組織

　　《俱舍論》與《雜阿毗曇心論》不謀而合，以四聖諦爲綱領的傳統精神，兩者不約而同用六百頌或六百多頌而成論，唯其組織，如頌文、篇章、段落等，已經過了合併、增刪等作出了新的整理。又世親作注釋時增補了「破我品」，故該論之四聖諦說教，別具特色，也體現了佛教「諸法無我」的根本主張，而且，他把構成宇宙萬法之基本元素歸納爲「五位七十五法」，這種總結性對日後弘宣「說一切有部」的學者產生很大的影響。

　　本論爲劃時代之作品，自有其權威性，故其論之組織，自當嚴密精細，繁而有序，既能破除有部之偏執，又可顯揚教法之眞理。《俱舍論》既是小乘佛教之聖典，其中心思想及要義，自然非比尋常，後更被譽爲《聰明論》，成爲當時印度佛教徒及有識之士樂於研習，故其綱領和主點定必縝密周詳，有條不紊。本論需由九品三十卷所組成，唯不出四大義門，一言盡之，不外觀四諦而至涅槃而已。

　　四大義門者：一、明宇宙萬有之體用，即界、根二品。二、明迷之原因結果，即世間品以下三品。三、明悟之原因結果，即聖賢品以下三品。四、明無我之道理，即破我一品。列表如下〔註 10〕：

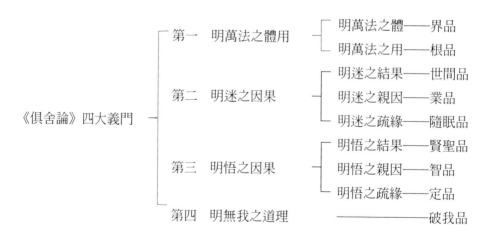

　　整部《俱舍論》可分爲理論與實際兩門，前八品是本論六百頌及論釋之

〔註 10〕參見賢悟：〈俱舍論之組織與中心及其特色〉，《俱舍論研究》（下冊），收入張曼濤主編《現代佛教學術叢刊》（第 51 冊）。台北：大乘文化出版社，1979，頁 59。

頌文，第九品即「無我品」，據說是送給迦濕彌羅國時而加上的附錄。八品中的「界品」和「根品」是總論。第一界品是說明一切有漏法及無漏法之體，即概說宇宙萬有一切諸法；第二根品是依無漏體，說明依體而生起的作用，即敍述諸法所起之用。其次別明有漏無漏法，在六品分別論中，初世間、業、隨眠三品分別論述有漏法，以說明流轉生死的因緣果。後聖賢、智、定三品則直談無漏，以明生死還滅的因緣果。前三品中的「世間品」，說明有漏流轉的果報體。「業品」是指業之因，用來說明果報之因。「隨眠品」即以煩惱為緣，因緣齊備才能感果，這是因果的法則，故說明迷界有情流轉生死的因緣果，就是四聖諦中之二諦──苦諦和集諦。

「聖賢品」是分別論述無漏法及生死還滅的果。「智品」以明生死還滅的因，「定品」則說無漏之緣。是故因緣感果，遂使無漏因果之規律而生起作用，實賴「定」之緣。故後三品闡明無漏界有情之因緣果，亦即說明了四聖諦中之後二道──滅諦和道諦。

由此可見，理論門之「界」、「根」二品分別闡明宇宙萬有之「法體」及「法用」；實際門之「世間」、「業」、「隨眠」、「賢聖」、「智」及「定」品等六品則述說有漏、無漏之因緣果。最後之「破我品」重於破執我，否定實我，入無我真理。是故《光記》言：

> 「斯論。乃文同鈎鎖結引萬端。義等連環始終無絕。採六足之綱要備盡無遺。顯八蘊之妙門如觀掌內。雖述一切有義。時以經部正之。論師據理為宗。非存朋執　遂使九十六道。同翫斯文。十八異部。俱欣祕典。自解開異見部製群分。各謂連城。齊稱照乘　唯此一論。卓乎迴秀。猶妙高之據宏海。等赫日之曠眾星。故印度學徒。號為聰明論也。」〔註11〕

其論構思之精湛，組織之縝密，可見一斑。今將全論組織機構，表列如下〔註12〕：

〔註11〕《大正新脩大藏經》第四十一冊 No.1821《俱舍論記》卷第一，頁 0001a14（06）～0001a22（01）。

〔註12〕參見賢悟：〈俱舍論之組織與中心及其特色〉，《俱舍論研究》（下冊），收入張曼濤主編《現代佛教學術叢刊》（第 51 冊）。台北：大乘文化出版社，1979，頁 57。

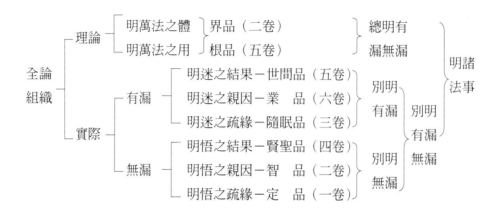

佛陀說四聖諦，目的為眾生開說迷悟因果之道理，令其行諸正道，滅除煩惱，離生死海，入大涅槃之境界。所謂迷界因果，即苦集二諦，從世間品以下三品說明迷界的因果法則。然諸眾生由業所感世間依、正二種果報，溯其原因，實為「苦」也。然此「苦」者，由「行」而招，從業因感果，溯其源頭，由「惑」而起，矇昧諸根，造諸惡業，故《俱舍論記》云：

> 前品初言世別皆由業生。此業復由隨眠方得生長。離隨眠之業。
>
> 無感有果功能。此即牒前生起。所以者何隨眠有幾者。〔註13〕

前言世別，此由業生，業由隨眠（即惑），方得生長，離隨眠業，無感有果功能。此「業」之生，由「惑」而起，故名為「集」，具其果言。故世間品後，再明業品，使迷者知曉果從何來，以闡明沉淪之迷界者，蓋諸煩惱——貪、瞋、癡、慢、疑、身見、邊見、邪見、見取、戒禁取等十種根本煩惱，牽涉三界、四諦，遂構成九十八種見修隨眠惑，令諸含識結纏煩惱，永無脫期。故在業品後以隨眠品說明迷界因果的理由。

所謂悟的因果，即滅道二諦，眾生要修行四向四果的聖位才能滅除苦界的一切煩惱而達至善的涅槃。這種深層功夫必須依靠止觀之禪修方能成就，要之，悟的因和滅之緣，皆從定慧而生，此種功德就是「道諦」，因為有漏的加行，漸漸修次，乃至盡無生智而入解脫之境，而禪觀之功德，實為不二法門。

故本論先總論宇宙萬有諸法之體用，著重於啟發有情之無漏真智，能得此法，必須借重「世俗諦理」之方便資糧，以成就「勝義對法」。故本論組織，先以界根二品建立學說，次而說世間以下六品，以彰顯世間、出世間、流轉、

〔註13〕《大正新脩大藏經》第四十一冊 No.1821《俱舍論記》卷第十九，頁 0291a21（02）～780291a23（03）。

還滅之因果法則。先說流轉之果，令眾生厭離世間之心，從而斷除諸障；次說業、隨眠二品以明因緣；後說還滅，令諸眾生生出離苦海之想，繼而勤修定慧功德，故在賢聖品下再明智、定二品，從而說明本論之中心要義爲四聖諦理所組織而成的一個概要。

第四節　《俱舍論》之內容

《俱舍論》是一部佛教宇宙觀，對人生的描述細緻入微，蓋世界仍附庸於人生而存在。故本論劃分人生爲事理、迷悟、有爲無爲、有漏無漏。事者現象界也，理者理想界也，以判決迷和悟，茲就其各品之內容，簡明如下：

（一）界品：本品總標綱目，以明諸法體爲目的，揭示組合世界和人生的要素。諸法體者，一切萬有之法也，以有漏無漏法等五蘊、十二處、十八界等三種範疇統攝諸法，詳解其義，就五位七十五法中之三無爲、色法十一、心、意、識等詳細分別。

（二）根品：主要分析人類個體成分之生理及心理，包括肉體、精神，以說明諸法用爲目的。首先把有情劃分二十二種根，分爲有漏、無漏，以明其性質及諸根得失。從諸法之染淨兩方面之增上義，詳說其功用。先依能作助力義說二十二根，次依緣起闡述各法之俱起，以便確立五位中的心法、心所有法、心不相應行法，後述六因、四緣。

（三）世間品：此品說染法的果屬於苦諦門，表明人類及其住處之構成，透露佛教人生、宇宙觀甚爲明顯，更提示有情眾生如何在苦難中修行而達至成人成佛之境地。先明有情生位的三界、四生、五趣乃至十二緣起等說明輪迴轉生的相狀，次說有情住位的四食〔註14〕，再言有情歿位的捨受乃至斷滅等，最後述說有情所居世界的體量，即器世間——三千大千世界的構造、空間、時間的量論，諸佛出世的時期及一切世間的成、住、壞、空四劫論等。

（四）業品：此品說染法的親因，屬集諦門，廣說人類之善惡行爲。先明諸業的自性和諸門的分別，著力解說表業及無表的善惡問題及別解說律儀——受戒，其次解釋經中所說諸種的分類、根本的善惡、十業道等。

（五）隨眠品：此品是屬集諦之門，說明諸染污惡業的根本因——煩惱（又名惑）爲目的。先說九十八隨眠之見所斷惑和修所斷惑的性質；次說有

〔註14〕四食：又作世間食，即（一）段食、（二）觸食、（三）思食、（四）識食。

漏等煩惱異門，兼述隨眠之隨增問題，以及三世實有論；後說諸煩惱的分類及根治煩惱的方法。此中可分為根本煩惱及枝末煩惱，迷於四諦理之理者名為見惑，迷於感覺對象之事名為思惑，二者皆以貪瞋癡慢等根本煩惱為體，本品把它配以欲、色、無色三界說明之。

（六）賢聖品：此品主要純粹闡明悟界清淨之果位，說明眾生數數修習，超出三界六道之階位，故屬於滅諦。先說聖道之體性及聖道所證的四聖諦，以及聖者預備門的三賢四善根位和其加行、位次、乃至四向四果的階位，以及述說三十七菩提分法的修行要道，以說明各階位的擇滅世界。論曰：「經說覺分有三十七。謂四念住。四正斷。四神足。五根。五力。七等覺支。八聖道支。盡無生智說名為覺。」〔註15〕

（七）智品：此品說明賢、聖淨法的親因，故名道諦。先說十智〔註16〕的分別及其諸門之異，以明眾生在修習過程中的步驟；最後說明忍、智的區別以及十智相等所成就之功德。

（八）定品：此品說明修習工作之淺、深、穩固和動搖，說淨法的疏緣，故屬道諦。定是獲得智慧的不二法門，故先說四靜慮等諸定，即四禪、四無色等禪定；次說由禪定可得到的四無量解脫勝處、通處等定的功德；最後，說明佛法如何住世間。

（九）破我品：此品就上述無我理之總結，用來駁斥邪執的最後一品。本品說明佛教站在無我的立場，針對外道及異執執我之見而造的。它詳破佛教犢子部和非佛教的數論、勝論所執之實我。

世親論師依三法印以造斯論，《光記》云：

> 一明依經造論者。西方造論皆釋佛經。經教雖多。略有三種。謂三法印。一諸行無常。二諸法無我。三涅槃寂靜。此印諸法故名法印。若順此印即是佛經。若違此印即非佛說。故後作論者皆釋法印於中意樂廣略不同。或有偏釋一法印。或有舉一以明三。如五蘊論等唯解諸行無常。如涅槃論等唯釋涅槃寂靜。此即偏釋一法印。如俱舍論等解諸法無我。此即是舉一以明三　所以就此釋者。諸行

〔註15〕《大正新脩大藏經》第二十九冊 No.1558《阿毘達磨俱舍論》卷第二十五，頁 0132b02（00）～0132b04（00）。

〔註16〕就有漏智及無漏智之性分為十種。（一）世俗智、（二）法智、（三）類智、（四）苦智（、（五）集智、（六）滅智、（七）道智、（八）他心智、（九）盡智、（十）無生智。

> 無常唯明有爲。涅槃寂靜唯明無爲。諸法無我通明有爲無爲。欲彰
> 此論無事不攝故。〔註17〕

俱舍九品之內容很圓滿地彰顯佛教之「諸法無我」之根本主張；它以存在論爲出發，繼而進入倫理以至於宗教的實踐。這種先確定人我之一切存在行爲，再進一步探究行爲的根源──心之作用，最後透過宗教的生活體驗，完成最高的人格──佛。由此可見，《俱舍論》不但理路井然，而且組織嚴密。茲列九品內容簡表〔註18〕如下：

表：《俱舍論》之九品、內容、三十卷、六百頌、四諦、原理實踐論

品　名	界品	根品	世間品	業品	隨眠品	賢聖品	智品	定品	破我品
內　容	總明有漏無漏諸法之體	總明有漏無漏諸法之用	別明有漏果	別明有漏因	別明有漏緣	別明無漏果	別明無漏因	別明有漏緣	別明無我理
卷　數	2	5	5	6	3	4	2	2	1
頌　數	44	73	99	131	69	83	61	39	
四　諦			苦諦	集諦	集諦	滅諦	道諦	道諦	
原理實踐論	萬有假實論	因果理法論	輪迴轉生論	輪迴轉生論	輪迴轉生論	修行階位論	修行階位論	修行階位論	實我否定論
	原理論	原理論	實踐論	實踐論	實踐論	實踐論	實踐論	實踐論	
篇　章	前篇	前篇	後篇	後篇	後篇	後篇	後篇	後篇	附錄

第五節　《俱舍論》之特色

《阿毗達磨俱舍論》，其義爲對法藏論，全論以五事，即色法、心法，心所有法、不相應行法及無爲法的內容與八品詞句加以抉擇，述萬法之總別性相、流轉與還滅的因果法則，詳述四諦眞理，眞實開顯修行途徑，令求解脫出離的行者提供一條涅槃之路。《俱舍論》既爲部派佛教思想之力作，屬阿毗達磨佛教一類，與原始佛教自有差異，故本論亦有其獨特之處，其特色可具如下數點：

〔註17〕《大正新脩大藏經》第四十一冊 No.1821《俱舍論記》卷第一，頁 0001b12 ～0001b23。

〔註18〕參見演培：〈俱舍論釋題〉，《俱舍論研究》（上冊），收入張曼濤主編《現代佛教學術叢刊》（第 22 冊）。台北：大乘文化出版社，1978，頁 57。

（一）論說方面：阿毗達磨佛教對各個問題分門別類，定義嚴格，從性質上究其關連，以「分別說」為其特色，這與原始佛教要求弟子只著重於智識傳授的作風相比較為嚴格。

（二）思想方面：阿毗達磨佛教不但以滅諦為目標，而且對於其它問題亦甚為關心，諸如對萬法之觀點都加以探究，如山河大地、日月星辰、人畜之別……，這比原始佛教對向涅槃的單一目標較為深廣。

（三）觀點方面：阿毗達磨佛教較著重於外在事物，於心以外的色法皆有關注；這與原始佛教只著眼於心來論究緣起及論述萬有的觀法，實有所不同。

（四）學理方面：本論作者以理為宗，不偏不黨，這種訴諸理性的表現，實開自由討論之先風，與重訓古，講傳承之固有學風，實有天淵之別。

（五）立義方面：本論立義客觀，博採諸家，以取經部義理為主，並將根本有部評破，兼涵攝婆沙之教義而折衷諸部，既不拘泥於名相，也不固陋情執及理論，又能精詳簡要，對於研習法相學者，實不可不學。

（六）離物心無有實體論：本論採經部義，主張心物之外，並無實體，這種兩界相互關係，對有部主張極端多元論之心物之外別有實體之說，大相逕庭，實對有部教義有一定的改善作用。

（七）三世非實有論：本論明於經部，說明現在、過去、未來三世則無體；這與有部主張的萬有觀，對色心等一切法及因果事物之世恆有之多元論來說，來一個徹底破壞，又是另一特色。

（八）三科非具實論：本論在三科的觀點上以五蘊為假，餘則為實，蓋蘊者能積聚之義、內外、粗細、勝劣、遠近、大小、深淺等各種差別品類，故名為「假」，而十二處、十八界或為所依，或為能緣、或為所緣，乃為實有，故立而為「實」。這與有部主張三科實有及經部主張「蘊」、「處」是「假」，而「界」為實，有所不同，這又是其一特色之所在。

（九）因緣果論：佛教以因緣果論為根本教義，有部只從時間空間立六因、四緣、五果，以說明一切法生滅起伏之轉變，唯仍不及本論釋義之精細，論說之詳盡。

總觀《俱舍論》的特色，可謂：詞不繁而義顯，義雖深而易入，分析精細，簡明扼要，故在天竺曾獲諸師推崇備致，尤以論中之「五位七十五法」成為小乘佛學之概論、佛教百科全書之性質及佛教教義之基礎，更為日後中國佛教大乘唯識宗必學之論著，其論之特色，實集小乘精義中之精義及大乘脈絡承先啟後之功用。

第五章　俱舍宗哲學理論之構成

第一節　俱舍宗之五位七十五法

　　「俱舍宗」所言之一切諸法是甚麼？所謂法：是指任持自性，軌生物解，即指宇宙的原理、法則、規範、法律、真理；二是指彰顯自然界所有現象；三是指真理之教法；四是指一切行為之善法。法的意義甚廣，這裏所指主要是意境法，即由心識所攀緣的境界之法。「俱舍宗」將宇宙森羅萬象之法分為兩大類：一是有為法，二是無為法。有為法，指有作為、有造作之一切因緣所生法；無為法，指捨離因果之常住法，無生滅變遷，湛然常住，即灰身滅智入涅槃之類。有為法者，如《神泰疏》云：

　　　　眾緣所為故名有為無有少法一緣所生故眾緣作也未來世法雖未
　　　眾緣所生是彼過現類故未來世無妨如犢飲乳如薪火燒名乳名薪未食
　　　未燒之時亦名乳薪是食是燒乳薪類也三釋世路此有為法亦名世路過
　　　去已行現在正行未來當行此有為法三世路中行之體性也。〔註1〕

「俱舍宗」之中心教義明確闡明一切色心諸法皆不離因緣而生，用以破除外道或執我之見解者，令斷煩惱而證入涅槃，脫離三界之輪迴。本宗之師將諸法整理為有為無為二法，以五位分法，再區分為七十五法，或又歸納為五蘊、十二處、十八界三科，認為諸法自體為實有。茲列表如下：

〔註1〕　《卍新纂續藏經　第五十三冊　No.836《俱舍論疏》，頁 0009b22（00）～0010a06（00）。

表：五位七十五法〔註2〕

```
                    ┌ 五根：眼、耳、鼻、舌、身
          色法（11）┤ 五境：色、聲、香、味、觸
          │         └ 無表色
          │
          心法（1）——心
          │
          │                    ┌ 大地法－（10）：受、想、思、觸、欲、慧、念、作意、
          │                    │                    勝解、三摩地
          │                    │
          │                    │ 大善地法（10）：信、勤、捨、慚、愧、無貪、無瞋、不
          │                    │                  害、輕安、不放逸
          │                    │
  有為法 ┤  心所法（46）      ┤ 大煩惱地法（6）：癡（無明）、放逸、懈怠、不信、惛忱、
          │                    │                    掉舉
          │                    │
          │                    │ 大不善地法（2）：無慚、無愧
          │                    │
          │                    │ 小煩惱地法（10）：忿、覆、慳、嫉、惱、害、恨、諂、
          │                    │                    誑、憍
          │                    │
          │                    └ 不定地法——（8）：惡作、睡眠、尋、伺、貪、瞋、慢、
          │                                          疑
          │
          └ 不相應行法（14） 得、非得、同分、無想果、無想定、滅盡定、命根、生、
                              住、異、滅名身、句身、文身

無為法（3）：虛空無為、擇滅無為、非擇滅無為
```

第一項：色法

「俱舍宗」立七十五法，總類有五：一者色法、二者心法、三者心所有法、四者不相應行法、五者無為法。「俱舍宗」所立之五位，其次序與大乘有別，大乘以心法為先，俱舍以色法為首，不同於大乘者，其理有四：一、隨粗故，色法較之無形之法為粗，故居首位；二、隨染故，無始以來眾生沉於三界六道，貪欲故，而欲之重者為男女之情欲等顯形色所累，是生死之根本，故立為首；三、隨器故，食物為後生，食器為先生，食器如色為心等法之所依，一如食物所依者為食器，故色居先。四、隨界別故，色於欲界，最為明顯，故先立為色。所謂色者，為物質也，由變壞和對礙，故名為色。變者，

〔註2〕 參見楊白衣：〈俱舍成實宗史觀〉，《俱舍論研究》（下冊），收入張曼濤主編《現代佛教學術叢刊》（第51冊）。台北：大乘文化出版社，1979，頁198。

物有變遷，歸於壞滅；對礙者，各有勢力，相互對礙，如甲物已佔有之空間，乙物便不能佔其者是也。此色法分爲十一種，即五根、五色及無表色。俱舍云：「色唯五根、五境及無表。」〔註3〕是也。見下表〔註4〕：

表：五根、五境及無表色

五　　根	眼根、耳根、鼻根、舌根、身根
五　　境	色境、聲境、香境、味境、觸境
無表色	即於身中恆轉相續，具有防非止惡或與之相反的障妨善德之功能，而又爲不可見，且無障礙性之色法。

五根

　　五根者，眼耳鼻舌身也，亦即視覺、聽覺、嗅覺、味覺、觸覺之五官等機能。五根除能攝取外界之外，並能引起心內五識產生認識作用，有殊勝之用，故稱爲「根」。

　　所謂五根：一者眼根，能觀照、紅、黃、藍、白、黑、青等各種色彩及了知長、短、大、小、方、圓、高、下、正、不正、雲、煙、塵、霧、影、光、暗等形量，令內心之識產生官能作用。二者耳根，能聽取弦笛樂琴瑟等之聲，使耳識產生官能作用。三者鼻根，能嗅好或惡之香氣，如沉檀或糞屎等氣。四者舌根，能嘗甘、苦、酢、辛、淡、濃等食味，令舌識能產生辨別味覺之官能、五者身根，能接觸冷、暖、軟、硬等物境，令身識產生感知官能。《阿毘達磨俱舍論》云：

> 苾芻當知。眼謂內處四大種所造淨色。有色無見有對。乃至身
> 處廣說亦爾。苾芻當知。色謂外處四大種所造。有色有見有對。聲
> 謂外處四大種所造。有色無見有對。香味二處廣說亦爾。觸謂外處。
> 是四大種及四大種所造。有色無見有對。〔註5〕

五境

　　五境，又作五塵、五妙欲境。色聲香味觸之五法，是爲眼等五根所緣之

〔註3〕《大正新脩大藏經》第四十一冊 No.1823《俱舍論頌疏論本》卷第一，頁0819c16（00）。

〔註4〕《大正新脩大藏經》第二十九冊 No.1558《阿毘達磨俱舍論》卷第一，頁0002b07（00）～0002b10（07）。

〔註5〕《大正新脩大藏經》第二十九冊 No.1558《阿毘達磨俱舍論》卷第二，頁0008c12（01）～0008c17（01）。

境界，故云五境。五境是五根所取之五種客觀對境，亦為五識所緣之五種境界。一者色境，眼根能觀照之境物；二者聲境，耳根所取之境物；三者香境，鼻根所嗅之境物；四者味境，舌根所能嘗之境物；五者觸境，身根所能接觸之境物。五境使人起煩惱，污染心性如同塵埃，故稱五塵。論云：「言五境者。即是眼等五根境界。所謂色聲香味所觸。」〔註6〕又因貪心而起執著之故，誤為淨妙之境，故亦稱五妙欲境。

無表色

無表色，又名無表業、無作色、假色，即無表示之色法。謂不能表示心等善惡，令他了知之色法。故吾人身語意所造之業，無形無象，無表示令他了知，名為無表色。它雖為色，然體非極微。無表色具有防止惡行和障礙善德之功能，而又不可見，為無障礙性之色法。小乘「說一切有部」認為，無表色以身、口業為緣，藏於眾生之身內的一種無形色法，故以之為受戒之體，不顯於外，故稱無表。其身之四大所生，故名為色，唯與它色之不同者，不可見等之性。故論云：

> 應知如是所說諸業中。身語二業俱表無表性。且身語表其相云何。頌曰。身表許別形。非行動為體。以諸有為法。有剎那盡故。應無無因故。生因應能滅。形亦非實有。應二根取故。無別極微故。語表許言聲。論曰。由思力故。〔註7〕

此部又以無表色皆由四大種所造，故名為色；非極微造，故無見無對，與前之根境之色法不同。

第二項：心法

心法者，心的主體作用，依根生，能攀緣外境之總相，不取別相，如觀獅之像，只取其獅形，而獅子之神態美醜……皆無法觀之，故言心王。心王包含心意識三名，心者，為集起義，指此心能引起心所及其所作之事業，猶如樹之心，能生枝葉等。意者，是思慮義，或依止義，指心能思慮量度所緣境的作用，或為其它心所所依，令其生起剎那相續。識者，了別之義，指心

〔註6〕《大正新脩大藏經》第二十九冊 No.1558《阿毘達磨俱舍論》卷第一，頁0002b09（02）～0002b10（07）。

〔註7〕《大正新脩大藏經》第二十九冊 No.1558《阿毘達磨俱舍論》卷第十三，頁0067c01（00）～0067c08（00）。

於境能具有明瞭地了別境像的功能。《俱舍論》卷四云：

> 論曰。集起故名心。思量故名意。了別故名識。復有釋言。淨
> 不淨界種種差別故名爲心。即此爲他作所依止故名爲意。作能依止
> 故名爲識。故心意識三名所詮。義雖有異而體是一。〔註8〕

由於心緣境識依根生，故心王亦隨之產生六識：眼、耳、鼻、舌、身、意識。眼識依眼根了別外在色境；耳識依耳根了別內、外聲等聲境；鼻識依鼻根了別香等香境；舌識依舌根了別甘苦酸甜等味境；身識依身根了別堅濕乾等觸境；意識依意根了別百般事理等諸法。此中意識所依之法較前五識爲廣，具足一切心法，故眾生爲善爲惡，此意識有強烈的作用。當知，此意識依前念之識所生，它能現前（包括過去、未來）的刹那生滅——法塵（影像）所發生的作用。由於「俱舍宗」之心法不容雙心並起，故以前滅後生爲其所依，名爲意根（「法相宗」名末那識）。

在六識中，各心王對所緣之境有了別作用，然而亦有三種分別：一、自性分別，二、計度分別，三、隨念分別。自性分別者，即對現前境不加任何比量或猜測，自能識別外境，憑直覺而言，如眼識識別色，耳識識別聲等，如此類推，故名自性分別；計度分別者，指散心意識相應智慧，於過去、現在及未來之三世之事，計較量度，作出分別，故名計度分別；隨念分別者，於若散若定意識相應諸念，憶念以往的種種事性而作出分別、考察的作用，故名隨念分別。

在意識中，前五識只具自性分別，不能分辨善惡苦樂的感知，唯第六識具足三性之分別，能觀察事物的來龍去脈，具有知覺、作意、了別萬有之能力，茲列表如下〔註9〕：

```
               ┌ 眼識 —— 依眼根 —— 了別色境
               │ 耳識 —— 依耳根 —— 了別聲境
       了別色境：│ 鼻識 —— 依鼻根 —— 了別香境
               │ 舌識 —— 依舌根 —— 了別味境
               │ 身識 —— 依身根 —— 了別觸境
               └ 意識 —— 依意根 —— 了別法境
```

〔註8〕《大正新脩大藏經》第二十九冊　No.1558《阿毘達磨俱舍論》卷第四，頁0021c20（00）～0021c24（02）。

〔註9〕參見齊藤唯信著、慧圓居士譯：《俱舍論頌略釋》。高雄：諦聽文化事業有限公司，1997，頁80。

第三項：心所有法（心所法）

心所有法者，即心理作用的現象，從屬於心王而起的心理作用，因它不能獨立生起，必須依仗心王而起，並協助心王所緣之境仔細分析、辨別，名相應法。相應有五種意思：第一是「所依平等」，就是說它與心王依一樣的根，譬如說心王依眼根，心所也必依眼根。第二是「所緣平等」，這是對於所緣的境說的，就是說如果心王緣色境，心所也必緣色境。第三是「行相平等」，就是說心所必與心王行同樣的相（感覺）。第四是「時間平等」，就是說心所現起的作用必與心王同時，並非異時能夠單獨自在。第五是「體事平等」。事就是體的意思，就是說心王與心所雖然體不同，但它們有密切的關係，不許同時並起二個同類的心和心所。以上五種叫做心王心所的「五義平等」的相應法。佛教將所有事物分為善、惡、無記三性。善性即能招感樂果，惡性即能招感惡果，無記性〔註10〕，無能力招感苦樂果。此心所法，大別為六類。

在心所有法六類中，大地法普遍善、惡、無記三性；大善地法獨遍善性；大煩惱地法唯遍染污性；大不善地法只遍惡性；小煩惱地法遍染污性；不定地法無法決定其性類別。茲將各心所有法之義理，分述如下：

（一）大地法

大是遍及之義，地是心所之行處——心王而言。即伴隨心王而起的法，總稱恆於一切心而產生的作用，此心皆與心所相應而起，故名大地，共有十種：

（1）受：受謂領納，具苦、樂、捨三種。這是心理學上所言之感情領納，須依靠外境之事而產生的一種感受。

（2）想：想謂前境取差別相，即取像的意思。眾生對外境接觸所加以量度，一如人對境的心理安排，先知道人世間所有事物的名稱等心理上的創設而已。

（3）思：思者造作，即在想後所發動身口意的動作，一切行為必賴思心所之推動，故它是行為之根本。

〔註10〕無記性，分為有覆無記和無覆無記。前者雖無力量招感苦果，唯屬污染，能障聖道之無漏智產生，如執我見。後者，既無招感苦樂之果，又不障聖道之無漏智產生，如遊戲心等類。

（4）觸：觸是接觸之意，依根境識三和合而生。例如對境是雲，透過眼根而生雲的認知，此認知不離根和境而知，依根境故，所以一切心心所法之產生，都依觸心所而起之作用，可見觸能引生受了。

（5）欲：欲者，希求所作之事業，即個人欲望。眾生對自己所喜愛的東西產生強烈的佔有欲，善者可行善濟世，求取菩提；惡者，可奸淫擄劫，殺人放火。

（6）慧：慧者，對法有所觸對、簡擇。當眾生對世間之事有所攀緣，便起簡別、抉擇、推求其正邪、善惡之心。

（7）念：念者，於緣銘記不忘。即眾生對於過往所接觸等之境持續不忘，在腦海仍然有清晰的印象和作用。

（8）作意：作意者，作動於意，令心產心警覺之意。眾生接觸對外境界時，能使心產生警覺的注意。

（9）勝解：勝解者，能印證於境之是與非或真與假，生起一種殊勝的了解。這是心理上堅定不移的了解。

（10）三摩地：三摩地者，即是等持，平等持心，能令心住於一境，使精神專注集中而不動之心理作用，又名為定。

（二）大地善法

其性唯善，與一切善心相應俱起，它對於現未來世均有利益的法，故名大善地法，共有十種：

（1）信：信者，澄淨也。如水清珠，能有濁水。心有信珠，令心澄淨。顧名思義，信就是忍許、澄淨之意。信於四諦三寶善惡業果堅信不移，其體清潔無雜、無染，為心之推動力量，人充滿信心，即能對所立之目標產生一種清淨之動力。以信為首，信有涅槃、信有佛境、信有六道，方能解行及證果，故信為修行人不可動搖之根本。

（2）不放逸：不放逸者，斷惡修善。即精進、無貪、瞋、癡四法，於惡法令其不起，於善法令其增長，尤修善法為主。

（3）輕安：輕安者，謂心堪忍性。輕者輕利，安者安適。即令身、心遠離麤重〔註11〕，適悅安樂，於善法堪任修持。所以有輕安的人已入定門，由

〔註11〕麤重：即一切染污法、不善法及有覆無記法。

此定可斷煩惱，得解脫。

（4）捨：捨者沉掉，令心平等。即不加功用，心理自能安寂自在，令心不流於掉舉，不陷於昏沉，一如平等〔註12〕，繼而正直〔註13〕，後而無功用住之功用，有了這種心修止觀才能發揮真正的功用。

（5）慚：慚者，於所造罪，自觀有恥，即自我反省的慚恥心所。又或依尊貴自身及聞正法而發生之增上力，崇敬賢德、尊重善法，為自性。

（6）愧：愧者，於所造罪，觀他有恥。即抱愧，依外在批評而有羞恥之心，與慚有共同作用，前者主對自己，是自覺的；後者主對他人，是他覺的。愧有厭惡法之增上力，輕惡人而不親，拒思事而不作，為自性。

（7）無貪：無貪者，於諸順境不貪著（境者，眾生、事物、見解等），為自性。他於世間法中，都無貪求、貪著的欲念心所。

（8）無瞋：無瞋者，於逆境不恚為自性，就是對痛苦之根源能了解忍受，不怨天尤人，不動瞋恨的心所。

（9）不害：不害者，亦名悲，能拔除他人的苦惱，即無瞋上於諸眾生不為損迫惱之功用，不使他人在精神上、生活上、身體上感到痛苦的心所。

（10）勤：勤者，精進也，能令心向上進取的心所，於斷除惡事行及修行善事，精勤策勵，勇悍為自性，毫不懈怠的精進心。

（三）大煩惱地法

大煩惱地法遍於一切污染之心，恆為染心，名大煩惱；其性為惡或有覆無記，遍與一切染心相應俱起，擾亂有情，共有六種，詳見如下：

（1）癡：癡者愚癡，亦名無明、無智、無顯，以愚癡為性，對一切真理起顛倒之心所，為輪迴的根源。癡是一種迷闇的衝動，由有癡故，起餘煩惱，由煩惱故作業，由業而招後有。

（2）放逸：放逸者，不修善法，不怕惡法，放蕩縱逸，不能防染，不能修靜。

（3）懈怠：懈怠者，謂心不勇悍，於善法不肯努力修學，於惡法不肯下決心斷除，能障精進及增長染法。

（4）不信：不信者，於實、德、能不忍、不樂、不欲，與信相反。即不

〔註12〕離沉、掉，名平等。
〔註13〕離雜染，名正直。

信眞理、不信三寶、不信善惡因果的心所。

（5）惛沉：惛沉者，惛謂昏昧，沉謂沉重，令心、心所於境無堪任，能障輕安及修觀，是一種頹萎的狀態。

（6）掉舉：掉舉者，不停百思，令心、心所於境不寂靜，能障行捨及修止，亦能影響其相應心、心所，令不寂靜，不能止息妄念。

（四）大不善地法

它依一切不善的心而起的心所，其性惡，故名大不善，有二種：

（1）無慚：無慚者，謂於所造之罪，自觀無慚，不顧自身及所學正法，輕賢德而不尊，拒善法而不從，能障礙慚及生長惡行。

（2）無愧：無愧者，謂於所造罪，觀他無恥。不顧世間之訶責，崇敬暴人，尊敬惡法，即無廉恥之心所，能障礙愧及生長惡行。

（五）小煩惱地法

小煩惱地法，它與惡、有覆無記的心王相應，其性惡，與意識相應，而各別現行，唯修所斷，故而得名，共有十種：

（1）忿：忿者於情非情，令心發憤，對當前之事及不如意之境而起憤怒，時或執物打人，或張口罵人。

（2）覆：覆者，蓋覆。隱藏自罪，以保名利。

（3）慳：慳者，於自所之學識或資財，不能惠施他人，秘藏恪惜，違布施之心。

（4）嫉：嫉者，即嫉妒，對於他人成就之心不能忍耐，而生出妒忌之心。

（5）惱：惱者，即惱怒，堅執諸有罪事，不聽他人的諫誨，只追憶先時忿恨之境，復觸現前不如意事，心中生起暴熱、狠戾。此爲由忿而恨，由恨而惱，嗔相轉深也。

（6）害：害者，於諸眾生，心無悲愍，損害逼惱，害障不害，正障於悲；

（7）恨：恨者，於忿所緣之事，數數尋思，懷怨不捨，所發出的內心結怨。

（8）諂：諂者諂曲，即口是心非之人，爲取他意或藏己失，曲順時宜，詐現恭順，以搏取他人的好感。

（9）誑：誑者，即矯誑，爲獲財利或名譽，本無德而詐現有德，無眞實

之心所。

（10）憍：憍謂染著自法爲先，令心放逸無所顧性，心生貪著，惛迷傲逸，如美貌、財富、權勢、聰明等之類。

（六）不定地法

這類心所不攝入前五地之心所法，亦非如善心所之決定是善性，又非煩惱法決定是不清淨，也非不善地法決定是惡性，非如遍行心所之決定與心王相應，故名不定，其類有八：

（1）尋：尋者尋求，心粗爲性，令心於意言境，粗淺推度的分別心所。此心所，是由思與慧，於事理不深推度，思之作用強而慧之作用弱時之狀態，名尋也。

（2）伺：伺者伺察，心細爲性，於所觀之境詳細推度的心所。此心所是由思與慧，於事或理能深推度，思之作用弱而慧之作用強時，名伺也。

（3）睡眠：睡眠者，令身不自在，心極闇昧，精神惛沉不振，取境不清的心所，能障修觀。蓋身無力用，心無觀力，行相疏簡，乃入睡前心之作用而非生理上的睡眠狀態，亦非是夢。

（4）惡作：惡作者，亦名爲悔，於惡作事心追悔性，能令心不安，故能障止。

（5）貪：貪者，貪欲也，亦名愛，於一切順境所起的一種貪著心，能障無貪及生眾苦。

（6）瞋者：瞋者，瞋恚也，於逆境所起之瞋恨心，能障無瞋及爲不安穩性之惡行所作。

（7）慢：慢者，即傲慢的心所，於他心自舉性，自恃己之所長而生驕傲，能障不慢及生眾苦。

（8）疑：疑者，於諸諦理，猶豫爲性，對修佛道言，是爲煩惱，能障不疑及善品，即對眞理有所懷疑，故善品不生。

不定地法又名心相應法，與心王關係十分密切，常伴左右，如影隨形，相互發生作用，他們非一時俱起，依境而各生，前五識只限於三十二法，第六識則遍於各心所，茲將其關係，列表如下〔註14〕：

〔註14〕參見齊藤唯信著、慧圓居士譯：《俱舍論頌略釋》。高雄：諦聽文化事業有限公司，1997，頁190。

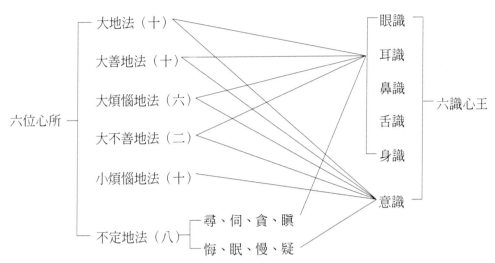

第四項：不相應行法

不相應行法又名非色非心不相應行法（非色法，亦非心、心所之存在），即非色非心之有爲法。《俱舍論疏》卷第四云：

> 廣應言非色非心不相應行。今但言不相應行亦得簡諸法盡　言不相應簡一切心‧心所言行。行是行蘊。簡色‧無爲。由此諸論多存略名。有人自釋頌云。等謂等取句身。文身。類謂流類即是得等。今案此論。心不相應但有十四。〔註15〕

故非色是非五蘊中的色蘊；非心是非五蘊中的識蘊；不相應是非五蘊中受、想二蘊及行蘊中的心所，它是一種潛藏的勢力，因行不離有爲法的因果之緣故，所以名爲行。此不相應行法共有十四種，即得、非得、同分、無想果、無想定、滅盡定、命根、生、住、異、滅、文身、名身、句身。詳列於下：

（一）得：謂成就、獲得，有不失之義，即色、心等法生起不壞滅之相。由能得的心理要求與所得的財物等所產生的抽象概念，所作之法皆能成就而不失，稱之爲得。例如，眾生觀有情界，有善惡、智、愚，俱舍師推斷此中必有一非色非心之法，繫於有情，名之謂得，它純然是一種主觀的心理狀態，刹那變化，屬「分位假法」。俱舍將「得」分爲四種，即法前得、法後得、法俱得及非前後俱得等四種，茲分列如下：

（1）法前得，又作前生得，在法之前而起之得，即能得的得較所得的法

〔註15〕《大正新脩大藏經》第四十一冊　No.1822《俱舍論疏》卷第四，頁　0535b26（04）～0535c02（04）。

先起，作嚮導之用，譬如牛拉車，故又稱牛王引前得。

（2）法後得，又作隨後得，即在法之後而起之得，此能得的得較前所得的法後起，而所得已滅，能得還存，譬如小牛跟在母牛後，故又稱犢子隨後得。

（3）法俱得，又作俱生得，即得、法兩者俱起之得——能得所得同時俱起，譬如形與影相隨不離，故又稱如影隨形得。

（4）非前後俱得，指能得、所得無分先後之得，無為法上的得，蓋無為法離三世不生不滅之法，與上述三種有為法合為四種得。

（二）非得，與上相違。非得就是「得非得相反而立」的得，是得的反面，不屬有情色心法，而是一種非物非心法。

（三）同分，有情等也，性相統一的意思。同分與得相同，不同於非情。同是相同，分是一分，彼此是人，同為人的一分；彼此是畜，同為畜的一分，六趣差別，同類共居，便是同分。此又分二，有情同分與法同分：

（1）有情同分：又名眾生同分，此又分二：無差別同分，能使一切有情眾生同類似之同分；有差別同分，能使有情眾生隨著三界、九地、男、女、畜牲等之分別，各具其類，有其共同之性質。

（2）法同分：指所依之蘊處界等法能自類相似，例如右耳根與左耳根相同類似之同分，就是法同分之使然。

（四）無想定：凡夫及外道證入色界四禪天之無想天，其定猶如冰魚、蟄蟲，一切心識活動全部停止，故名無想，出定後，其想復起，徒然無益，未證涅槃，仍於三界中浮沉。

（五）無想果：又名無想報、無想事、無想有、無想異熟。指修無想定死後進入無想天的果報，屬色界十八天之一。登此天之修行者，命壽五百劫，心心所俱滅，呈意識狀態，長時無想，以無想定為因，得非色非心之境界為果，據《阿毘達磨俱舍釋論》卷第三云：

> 無想定業於何處眾生有此無想天。偈曰。諸廣果。釋曰。有諸天名廣果。於彼一處有眾生名無想天。如初定中間。彼眾生為一向無想。為或暫一時有想故名無想。〔註16〕

（六）滅盡定：又作滅受想定、滅盡三昧，與前者有同有別。同者皆是

〔註16〕《大正新脩大藏經》第二十九冊 No.1559《阿毘達磨俱舍釋論》卷第三，
0182c29〔01〕～0183a02〔06〕。

滅盡心心所之禪定，別者此類行者只求寂靜，故滅受想爲主，使六識心所俱滅，令其不生，故名滅受想定，而與無想並稱二無心定。然無想定爲異生凡夫所得，而滅盡定爲佛及俱解脫之阿羅漢遠離定障所得。

（七）命根：命根者，體即壽也。即有情肉體相續於一期間的勢力。此生命先由業所引發，從而決定眾生壽命的時限。

（八）生：生者，能起義，令有爲諸法未來未起者流入現在，即先無今有名生，眾緣和合而生。佛法中說「生」不可得，如冰溶爲水，冰與水本質無異，唯依生滅之因緣變化而立爲生。

（九）住：住者，能安義，令已起者暫時安住，各行自果之法，即色心諸法生起之後，暫時安住，相似相續，故名爲住。

（十）異：異者，能衰義，今已住者衰損變易。有爲法從生到滅，中間逐漸變壞衰退的現象，即在心色暫時相似相續，安住不變的階段從盛轉衰的過程中建立之異名。

（十一）滅：滅者，能壞義，使有爲法走向壞滅，流入過去，即今有後無，其滅曰死，緣聚爲生，緣散爲滅。

（十二）文身：文者，字母也。因字而有名，由名而有句，由句而成段，由段而成篇，故文身者多字之組合語。一字爲文，兩字爲文身，三字以上爲多文身。

（十三）名身：名者，人物的稱號，指表詮自性的名字，即事物的稱謂。一字爲名，兩字爲名身，三字以上爲多名身，即紅、紅梅、紅梅花等。

（十四）句身：句者，表詮事物之義理者。身，集合義，集句構成完的思想稱句身，如「諸行無常」等，句身指完整的句子，三句以上名多句身。

以上十四種不相應行法，有部認爲色心以外別有實物，經部則認爲唯假建立。

第五項：無爲法

無爲法者，無造作之意。爲是「有爲」之對稱，是沒有生、住、異、滅的常住法，由無作故，名無爲法，爲法境所攝，意識所緣，共有三種：（一）虛空無爲、（二）擇滅無爲、（三）非擇滅無爲，簡釋如下：

（一）虛空無爲：虛空無爲者，以無礙爲性，遍於一切處及不礙萬法之生起，萬象於此中生滅，虛空則常住不動、不增不減，故名虛空無爲。

（二）擇滅無爲：擇滅無爲者，簡擇斷滅之意，指無漏之智滅除煩惱而證涅槃之體。有部學者認爲，只要通過智慧的簡擇能力，能斷諸障染，而達到涅槃寂靜之境界，便獲得超脫輪迴。

（三）非擇滅無爲：非擇滅無爲者，非因智慧之簡擇力所得，唯是法緣不具而不生。一切現象因緣和合而生，境不存在，事無由生，不生則不滅，名非擇滅。《俱舍論》卷一云：「永礙當生得非擇滅。謂能永礙未來法生。得滅異前名非擇滅。得不因擇但由闕緣。」〔註17〕

世親的理論觀點是外境是識所顯現，本身並不實在。他把宇宙萬有劃分爲五類：一、心法（精神現象），二、心所有法（心的隨屬現象或作用），三、色法（特質現象），四、不相應行法（非精神、非物質的生滅現象），五、無爲法（不生、不滅和與眞理相應的現象）等，並以此說明：心法是識自體，心與識相應；色法是識所變現；不相應行法是區別於心、色的假立；無爲法是前四類斷染成淨的最終結果。他提出一切眾生按善惡種子不同分爲聲聞、獨覺、如來、不定、無性有情等五種，按其修持結果也因此而有異，這明顯與他宗所說有異。

第二節　三　科

一切諸法分爲蘊、處、界三類，稱爲三科。即：（一）五蘊，又作五陰、五眾、五聚。指色、受、想、行、識。（二）十二處，又作十二入，指眼、耳、鼻、舌、身、意、色、聲、香、味、觸、法。（三）十八界，眼、耳、鼻、舌、身、意、色、聲、香、味、觸、法、眼識、耳識、鼻識、舌識、身識、意識。

依愚之差別，爲愚於心所者細別心所而說五蘊，爲愚於色法者細別色法而說十二處，爲愚於色、心二法者細別色、心二法而說十八界；依根之利鈍，爲利根者說五蘊，爲中根者說十二處，爲鈍根者說十八界；依樂欲之不同，爲欲略者說五蘊，爲欲中者說十二處，爲欲廣者說十八界。即由三科觀察人及世界，依愚夫迷悟之不同情況，破我執之謬，立無我之理。三門爲破凡夫實我之執而施設。三科表〔註18〕列如下：

〔註17〕《大正新脩大藏經》第二十九冊　No.1558《阿毘達磨俱舍論》卷第一，頁0001c26（06）～0001c27（06）。

〔註18〕參見楊白衣：〈俱舍成實宗史觀〉，《俱舍論研究》（下冊），收入張曼濤主編《現代佛教學術叢刊》（第51冊）。台北：大乘文化出版社，1979，頁198。

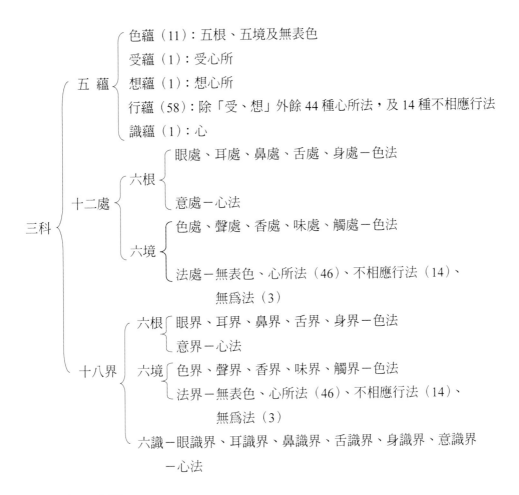

五蘊 ⎰ 色蘊（11）：五根、五境及無表色
　　　受蘊（1）：受心所
　　　想蘊（1）：想心所
　　　行蘊（58）：除「受、想」外餘 44 種心所法，及 14 種不相應行法
　　　識蘊（1）：心

三科 ⎰ 十二處 ⎰ 六根 ⎰ 眼處、耳處、鼻處、舌處、身處－色法
　　　　　　　　　意處－心法
　　　　　　六境 ⎰ 色處、聲處、香處、味處、觸處－色法
　　　　　　　　　法處－無表色、心所法（46）、不相應行法（14）、
　　　　　　　　　　　　無為法（3）

十八界 ⎰ 六根 ⎰ 眼界、耳界、鼻界、舌界、身界－色法
　　　　　　　　意界－心法
　　　　　六境 ⎰ 色界、聲界、香界、味界、觸界－色法
　　　　　　　　法界－無表色、心所法（46）、不相應行法（14）、
　　　　　　　　　　　無為法（3）
　　　　　六識－眼識界、耳識界、鼻識界、舌識界、身識界、意識界
　　　　　　　　－心法

第一項：五蘊

　　五蘊又名五陰、五眾、五聚、三科之一。蘊，音譯為塞健陀，積聚義，類別之意，即積類一切有為法之類聚。五蘊是色、受、想、行、識等五種，除色蘊屬物質外，其餘均屬精神上的作用。色蘊是有形的物質，包括四大：地、水、火、風等原素，結合眼、耳、鼻、舌、身等五根，並以色、聲、香、味、觸等五境為攀緣對象。受蘊是五根攀緣五境所生起之各種情感，例如，樂、捨、苦、眼觸等所生之諸受。想蘊是眼識等諸識綜合上述感覺所起的認識。行蘊是一切心理作用，除色、受、想、識之外的一切有為法，實即意志與心之作用。識蘊是指認識中的眼、耳、鼻、舌、身、意等諸識之各類聚。所謂世界，依佛家言即上述五蘊的假合相，唯於眾生有因果之異，故有六道之別。眾生不明五蘊由因緣而生，作種種業，沉淪苦海。五蘊是一切有為法

之大類別，依俱舍所立為七十五法中，有七十二法為五蘊，詳見下表〔註19〕：

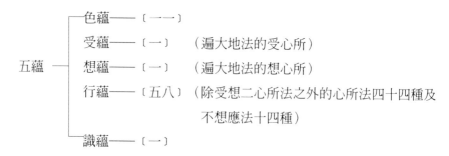

五蘊通有漏、無漏及善、不善、無記三性，故諸論中以各自方法表述其類別，如《大毘婆沙論》卷七十五，在五蘊中，特以屬於有漏者名為五取蘊。

小乘依五蘊之分析，大多派別接受「人無我」之結論，承認「人我」皆為五蘊之短暫和合，是假我，只有假名而無實體。

第二項：十二處

十二處又名十二入、十二入處，意指養育、生長、心所之法，即：眼、耳、鼻、舌、身、意、色、聲、音、味、觸、法等處。前六處又名六內處，屬主觀之感覺器官，為心心所之所依；後六處又稱六外處，屬客觀的覺知對象，為心心所之所緣。十二處所攝之法共六十四種。若配於五蘊，眼、耳、鼻、舌、身、色、聲、香、味、觸等十色處，相當於色蘊；意處即為識蘊，攝六識及意界之七心界；法處為受、想、行三蘊，攝四十六心所、十四不相應行、無表色及三無為等六十四法。論曰：「為差別者。為令了知境有境性種種差別。故於色蘊就差別相建立十處不總為一。若無眼等差別想名。而體是色立名色處。此為眼等名所簡別。雖標總稱而即別名。又諸色中色處最勝。故立通名。」〔註20〕詳見下表〔註21〕：

〔註19〕參見楊白衣：〈俱舍要義〉，《俱舍論研究》（上冊），收入張曼濤主編《現代佛教學術叢刊》（第22冊）。台北：大乘文化出版社，1978，頁140。

〔註20〕《大正新脩大藏經》第二十九冊 No.1558《阿毘達磨俱舍論》卷第一，頁0006a14（10）～0006a17（06）。

〔註21〕參見楊白衣：〈俱舍要義〉，《俱舍論研究》（上冊），收入張曼濤主編：《現代佛教學術叢刊》（第22冊）。台北：大乘文化出版社，1978，頁141。

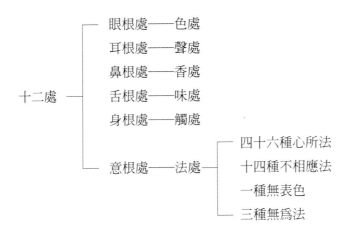

十二處
　　眼根處——色處
　　耳根處——聲處
　　鼻根處——香處
　　舌根處——味處
　　身根處——觸處
　　意根處——法處
　　　　　　　　四十六種心所法
　　　　　　　　十四種不相應法
　　　　　　　　一種無表色
　　　　　　　　三種無爲法

第三項：十八界

　　十八界者，這是在上述的十二處加上其所引發的眼、耳、鼻、舌、身、意等六識。界是指眾生之一身，能依之識，所依之根與所緣之境等十八種類之法。

　　界爲種族、種族之義，依十八種類自性各別不同，故稱十八界。此有兩譯，一爲種族，是本生義。如一山中有全銀鐵等礦，說明多界。於一身中有聲色香味觸等十八類諸法種族，名十八界。一爲界聲，表種類義，謂十八法種類自性各別不同，名十八界。論云：「法種族義是界義。如一山中有多銅鐵金銀等族說名多界。如是一身。或一相續有十八類諸法種族名十八界。此中種族是生本義。」〔註22〕眾生依眼、耳、鼻、舌、身、意等六根所產生之認識功能，及其所對之色、聲、香、味、觸、法等境所緣之對象，以及感官（六根）緣對境（六境）所生之眼、耳、鼻、舌、身、意等六識，合爲十八種，名十八界。十八界中減除六根則爲十二處，而六識實由十二處之意處所展開，依此，十八界或十二處能攝盡一切法。

　　三科是世尊爲化有情之根性而說蘊、處、界三門。眾生若愚心所執爲實我，佛爲其說五蘊，以五蘊中，廣明心所法，能破彼執。眾生唯愚色而執我爲實者，佛便爲其開說十二處，廣明諸色法，破彼所執，故說處門；眾生若色心皆愚而執實爲我，佛爲其廣說色心，破彼所執，故說界門。故佛爲上根聰利，略說便解，爲開五蘊；中根稍鈍，說處方開；下根最鈍，須廣開說，

〔註22〕　《大正新脩大藏經》第二十九冊　No.1558《阿毘達磨俱舍論》卷一，頁 0005a04（00）～0005a07（13）。

故爲談界。總之，三科之安立，以破執實，分析我相，令眾生不偏一物（物質或精神），故知，六識爲主觀之心，六根爲所依之根，六境爲所緣之境。三科爲實爲假，各存己說，如有部宗主張三科統爲實有，經部主張蘊處爲假，界爲實。「俱舍宗」主張蘊假處界爲實。三科開合之情形及隨樂欲略廣說，如其次第，說蘊等三。茲列表如下〔註23〕：

「俱舍宗」把經典中所說之一切法，分爲五蘊、十二處、十八界三科後，再細分爲七十五法，而七十五法與有、無爲法之關係息息相關，茲列表如下〔註24〕：

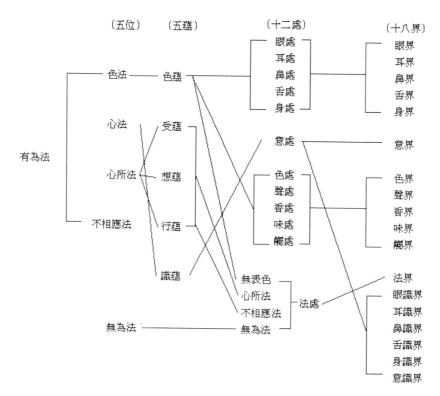

〔註23〕 參見楊白衣：〈俱舍要義〉，《俱舍論研究》（上冊），收入張曼濤主編：《現代佛教學術叢刊》（第 22 冊）。台北：大乘文化出版社，1978，頁 142。

〔註24〕 參見一如：〈俱舍論大綱〉，《俱舍論研究》（下冊），收入張曼濤主編《現代佛教學術叢刊》（第 51 冊）。台北：大乘文化出版社，1979，頁 8。

第三節　因果論

　　萬有之內容是說明存在的性質，而因果論的目標，是研究萬有之相互關係。一切有爲法，必依因緣方生。「俱舍宗」之因果論立六因、四緣、五果，以說明宇宙世間運作之因果法則。

第一項：六因

　　六因之說，可能來自《發智論》，婆沙師言：六因，非契經說。然俱舍師，則容許六因之說，故含有非佛說之意。六因者：一、能作因，二、俱有因，三、同類因，四、相應因，五、遍行因，六、異熟因，茲分述如下：

　　（一）能作因：又名「所作因」、「隨造因」。乃指有爲法生起時，不障礙他生起，或能助他生起者，皆爲其能作之因，其範圍甚廣，可分爲二說：（1）自法生時，給與勝力而助長者，如眼根能生眼識，或如大地生草木，名有力之能作因，此因體唯限於有爲法；（2）自法生時，無所障礙，令之自在而生者，故爲不障，如虛空之萬物，乃無力之能作因，通於一切無爲法。此「能作因」是對於結果能爲因緣，故其所得之果名增上果，蓋其含一切之因果關係。

　　（二）俱有因：又名共有因、共生因，即互爲因果，因果同時之意，亦分爲二：（1）輾轉同時爲因而得同一果者，稱爲同一果「俱有因」，如三杖之互相依持而立；（2）多法同時爲因而得同一果者，稱爲同一果「俱有因」，如三柱互相持以支持一物。此因所得之果，名士用果。世親多以「互爲果」而解釋「俱有因」。

　　（三）同類因；又名自分因、自種因，即前念因對後念果，爲同一類的法，如善因得善果，其它麥稻等各類亦然。此同類之名，就善惡之性而立，非就色心等之事相。此因所得之果稱等流果。同類因與等流果是時間的因果關係。

　　（四）相應因：它是針對心心所間之因果關係而立，謂認識發生時，心及心所同時相應而起，相互依存，二者同時具足同所依、同所緣、同行相、同時、同事等五義，故稱相應因。此相應因是心心所的因果，唯是精神作用之空間性因果，較「俱有因」之意義狹小。此相應因是從「俱有因」別開心心所之法爲一類，故其所得之果，稱爲士用果。

　　（五）遍行因：又名一切遍行因，指遍一切雜染法，而能生起煩惱的原因，與上之同類因爲前後異時之因果法相同，然同類因通於一切諸法，而遍

行因則由心所中之十一遍行生一切之惑，故稱遍行因〔註25〕。此亦可謂是同類因之一種，故其所得之果，稱等流果。

（六）異熟因：又名報因，是異類而熟的意思，如惡業或有漏善業爲因，郤招感無記的果報，因果異類而熟，故其因稱爲異熟因，所得之果稱爲異熟果。茲列六因簡表如下〔註26〕：

六因┬（1）能作因：能參與扶助、不爲障礙的一切因。——增上果
　　├（2）具有因：二個以上的因互爲依存條件，互不相離——士用果
　　├（3）同類因：能產生同一類果的因。——等流果
　　├（4）相應因：心與心所必相應而起，心所法必因心而生。——士用果
　　├（5）遍行因：普遍存在於一切煩惱中，能導致生死流轉的原因。等流果
　　└（6）異熟因：能招致三世苦樂果報的善惡業因。——異熟果

第二項：四緣

四緣：即，一、因緣，二、等無間緣，三、所緣緣，四、增上緣。據世親說，四緣論是佛所說。緣是助成原因，能形成結果之條件。從廣義言，一切東西皆可爲他之因及緣，然其實質可是相同，據婆沙師則有二說：前五因是因緣，能作因是增上緣，等無間緣及所緣並非因所攝。依世親頌文採第二說，頌云：

說有四種緣，因緣五因性，等無間非後，心心所已生。所緣一
切法，增上即能作。〔註27〕

如此，六因則未能道盡一切之原因，故法寶倡以相攝爲善，採第一之說。茲略陳四緣如下：

（一）因緣：即產生自果之直接內在原因，例如芽依種子生，種子爲芽之因緣。（因緣一詞，「因」亦作「緣」解。於佛教因緣論中，通常將引生結果之主要條件稱爲「因」，次要條件稱爲「緣」。故「因」亦是眾多條件之一。）以因爲緣之緣，名因緣。

〔註25〕所謂十一遍行，即逆於四諦之理的諸煩惱中，苦諦下之身見、邊見、邪見、戒禁取見、疑、無明等七者，與集帝下之邪見、見取見、疑、無明等四者，此十一煩惱即一切煩惱生起之因。
〔註26〕參見齊藤唯信著、慧圓居士譯：《俱舍論頌略釋》。高雄：諦聽文化事業有限公司，1997，頁209。
〔註27〕《大正新脩大藏經》第二十九冊 No.1558《阿毘達磨俱舍論》卷第七，頁0036b10（00）～0036b13（00）。

　　（二）等無間緣：又名次第緣，僅適用於精神現象，乃心心所之相續，於「過去」前一剎那滅，復予「現在」之一剎那生之作用。等者，前念既滅，後念續生，二念體同；無間者，前後二念，念念相續，剎那生滅不息，無有間斷，乃認識活動所發生之條件。此緣唯限於心法，不通於色法非心法，蓋不等生故。除阿羅漢入涅槃時之心心所法，餘所生之心心所法，皆等無間緣是也。

　　（三）所緣緣：又名緣緣，乃指一切事物是由心法對所緣境（客觀之事物）所起之緣，即一切外在事物對內心所產生之間接及直接之緣。蓋心心所法，其性羸劣，托緣攀境，方能得生，儼若羸人，非杖不起，如眼識必以一切色為所緣緣；耳識必以一切聲為所緣緣，鼻識必以一切香為所緣緣，舌識必以一切味為所緣緣，身識必以一切觸為所緣緣，意識必以一切法為所緣緣。是故，一切法於心心所攀附而發生緣，故名所緣緣。論云：

　　　　若法與彼法為所緣。無時此與彼非所緣。於不緣位亦所緣攝。
　　　被緣不緣其相一故。譬如薪等於不燒時亦名所燒。相無異故。〔註28〕

　　（四）增上緣：除上三緣外，一切有助於或無礙於法（現象）產生之原因條件。前者對他生法，會給與力量；後者對他生法不障礙。增上緣者，有增上力，能生果法，增上即緣。茲列四緣簡表如下：

四緣
- （1）因緣：直接產生自果的內在原因。
- （2）等無間緣：已滅之前念能作為後念發生的條件。
- （3）所緣緣：主觀心識所緣的一切境相。
- （4）增上緣：各種有助於或無礙於現象發生的條件。

　　「俱舍宗」將一切萬法分為五位，論其生起與四緣之關係而言，心法及心所有法（精神現象）之生起，必具四緣；心不相應行法之「無想定」及「滅盡定」之生起，只須因緣、等無間緣、增上緣，而無須所緣緣，唯此二定，無心識作用可言，其餘十二法與色法（一切物質現象）之產生，只具因緣與增上緣，蓋色法與其餘十二種心不相應行法，蓋無心識之作用，故無所緣緣，其生之相之前後既非同等，又非相續次序，故無等無間緣；無為法者，無有生滅，乃諸法實體，故在四緣以外。若以時空而言，等無間緣屬於時間之因素，所緣緣屬於空間之因素，而因緣及增上緣則通於時空二者。俱舍師於四

――――――――――――

〔註28〕《大正新脩大藏經》第二十九冊　No.1558《阿毘達磨俱舍論》卷第七，頁0037b06（07）～0037b08（07）。

緣外，立六因說，其時諸師，異說紛紜，如法寶《俱舍論寶疏》卷七，力主六因四緣互攝之說，即如前所說，能作因包含等無間、所緣、增上等三緣，俱有因等其餘五因通攝因緣。另普光《俱舍論光記》卷七則認為：四緣統攝之範圍較廣，六因較狹，故四緣能包涵六因，而六因則不能念攝四緣，即俱有因等五因可互通相攝，然能作因唯通於增上緣，而不攝等無間、所緣二緣。茲列六因與四緣相攝之關係表〔註29〕如下：

表：六因與四緣之關係

四 緣	六 因						
	能作因		俱有因	同類因	相應因	遍行因	異熟因
增上緣	生等五因	一般因					
		✓					
所緣緣		✓					
等無間緣		✓					
因緣	✓		✓	✓	✓	✓	✓

第三項：五果

五果，五種果之意。依六因所生及道力所證有為無為之果，分別有五種：（一）等流果、（二）異熟果、（三）增上果、（四）士用果、（五）離繫果。茲分述如下：

（一）等流果：又名依果、習果、相續果，由同類、遍行二因所生之結果，指後起之果和前因在性質上相似，如由善心而生善果，惡心而生惡果，說明為等，從因生故，復說為流，從因相為名是也。

（二）異熟果：又名報果，乃異熟因所招感的果報。異熟因所生之果，果不似因，名為異也；熟謂成熟，堪受用故，如善惡業因，感苦樂二果，其性無覆無記，異業之因，含善惡性，異類而熟，名為異熟。

（三）增上果：依能作因的增上力所得的結果，唯無障而住，故名增上。即，不管一切法給與力量否，只要不障礙他生，由此「與力」或「不障」之增上力所生之果，名增上果。

〔註29〕參見齊藤唯信著、慧圓居士譯：《俱舍論頌略釋》。高雄：諦聽文化事業有限公司，1997，頁209。

（四）士用果：又名士夫果（士用是士大夫之作用）、功用果。由俱有、相應二因作用所感的結果，名士用果。即依力行而來之道果，猶如農夫造作米麥等。

（五）離繫果：又名解脫果。由修行者在修位所斷各種煩惱，而證得擇滅無爲之果，名離繫果。前四果爲有爲果，此果則是無爲果。蓋果道得，非道所生，是慧所證故。《俱舍論》云：「……離繫由慧盡。若因彼力生。是果名士用。除前有爲法。有爲增上果。五取果唯現。二與果亦然。」〔註30〕茲列五果簡表如下：

五果
- （1）異熟果：依善惡業因所引生的無記果。
- （2）等流果：與因等流的結果。
- （3）士用果：由人爲的作用所產生的結果。
- （4）增上果：由於增上力所生起的結果。
- （5）離繫果：捨離有漏法的繫縛而產生的結果。

總的來說，能作因包含一切爲因爲緣及因果關係，故所得之果名增上果。俱有因士用果和相應因士用果是空間並立之因果關係，其爲因果的因，名俱有因，而所得之果，名士用果；士用果是由人（士夫）之動作（作用）而成之結果，在心法而言，名爲相應因士用果；同類因等流果和遍行因等流果是時間之因果關係；異熟因異熟果是對人之善惡而言；離繫果是指擇滅之無漏果。茲列因、緣、果之關係表如下〔註31〕：

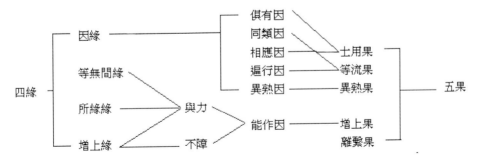

〔註30〕《大正新脩大藏經》第二十九冊 No.1560《阿毘達磨俱舍論本》卷第六，頁0313b05（00）～0313b08（00）。
〔註31〕參見楊白衣：〈俱舍要義〉，《俱舍論研究》（上冊），收入張曼濤主編：《現代佛教學術叢刊》（第22冊）。台北：大乘文化出版社，1978，頁174。

第四節　有漏因果

第一項：有漏緣

有漏因果者，即一切眾生，起惑造業，而招致生死輪迴。漏者漏泄，即煩惱也，故名有漏。誠然，果不孤起，仗因方生；因不成業，待緣方起，《俱舍論記》卷第十九載：

謂由隨眠能發諸業。復由諸業能感有果。由此隨眠是諸三有根本故業離此隨眠無感有果功能。〔註32〕

故業為親因，惑為疏緣。有部貪等即隨眠，大眾及經部現行名纏垢，種子名隨眠，大乘眠伏藏識現行名纏垢，種子名隨眠。有漏緣，即以有漏法為緣取之對象，在九十八隨眠中，滅、道二諦所斷之邪見、疑、無明等六惑及修惑屬於有漏緣，而滅諦下之四惑及道諦下之見取、戒禁取、貪、瞋、慢等五惑，為煩惱所迷，不能直接緣取無漏法，故皆屬有漏緣。

眾生於宇宙萬有起事理之妄心，皆名為惑。惑有二種，一者本惑（又名根本惑），二者隨惑（又名枝末惑）。本惑者，即根本煩惱，分為六種：即貪、瞋、痴、慢、疑、惡見。惡見又分為身見、邊見、邪見、見取見、戒禁取見等五種，合為十種煩惱。十種本惑中，前貪等五種，上文已述，不贅，後五種解說如下：（一）身見：音譯薩迦耶見，意為積聚，此有二種：（1）我見，眾生不知吾身為有漏五蘊和合之假法，無常無我，起常一主宰之見，執我為實，是為我見；（2）我所見，眾生又不知身邊者物，如幻假有，實無自他之所屬，以為是我所物，執為我之所有，是為我所見。（二）邊見，又名邊執見，眾生於前身見執見後，更緣我身，起我死後常住不變之常見，或我死後斷絕之斷見，偏執一邊，謂之邊見。（三）邪見，指不正之執見，即一切顛倒之見及邪推度，然此見特強調毀滅倫常，撥無因果，誹謗聖賢，不信正法，故特指此為邪見。《俱舍論》云：「於實有體苦等諦中。起見撥無名為邪見。」〔註33〕（四）見取見，指執取身、邊、邪等諸見，偏執為真、實、勝之妄見。自他爭論時，以己為是，以他為非。自謂由此見得清淨解脫，而得出離，名為

〔註32〕《大正新脩大藏經》第四十一冊 No.1821《俱舍論記》卷第十九，頁 0291a27（01）～0291a29（09）。

〔註33〕《大正新脩大藏經》第二十九冊 No.1558《阿毗達磨俱舍論》卷第十九，頁 0100a15（07）。

見取。此以染污爲體，能障苦及不淨之無顛倒解爲業。《俱舍論》卷十九云：「於劣謂勝名爲見取。有漏名劣。聖所斷故。執劣爲勝總名見取。理實應立見等取名。略去等言。但名見取。」〔註34〕（五）戒禁取，又名戒見禁取，戒是戒律，取是執取，指戒律、禁制等而起之謬見，以非因爲因，非道爲道。如外道之持雞戒（學雞之一足立），狗戒（學狗之食糞穢）等，爲生天之因，是爲非因計因之戒禁取見。又如外道之修塗灰（以身投灰或以灰塗身），斷食等苦行，爲是涅槃之道，即爲非道計之戒見禁取。論云：「於非因道謂因道見。一切總說名戒禁取。如大自在生主。或餘非世間因妄起因執。投水火等種種邪行。非生天因妄起因執唯受持戒禁」〔註35〕本惑貪等六種，又惡見一開爲五，合共十種，稱爲十使。前貪、瞋、痴、慢、疑等稱五鈍使，後身見、邊見、邪見、見取見、戒禁取見等五種稱五利使〔註36〕。鈍如刀背，利如刀口，此有二說：一是前五種較後五種造業較鈍，須在修道位才斷，故名爲鈍。二是後五種較前五種爲利，須在見道位頓斷，故名爲利。

此等煩惱於眾生有迷於事，有迷於理。若迷於理者，即迷苦集滅道四諦之理而生煩惱；若迷於事者，即迷宇宙萬有之事相而生煩惱。前者，須在見道所斷，又稱見惑；後者須在修道所斷，又稱修惑。見惑常起分別計度，迷悟因果道理所起之妄見等；修惑常迷於色聲等世間事物所起貪、瞋、癡之妄情所執等。隨惑者，即伴隨根本煩惱而起之煩惱，又名隨煩惱。此有十九，上文已述，不贅。詳見下表〔註37〕：

〔註34〕《大正新脩大藏經》第二十九冊　No.1558《阿毘達磨俱舍論》，頁0100a18（00）～0100a20（00）。

〔註35〕《大正新脩大藏經》第二十九冊　No.1558《阿毘達磨俱舍論》，頁0100a21（07）～0100a23（00）。

〔註36〕使者，能驅使眾生心神，故云使，使者煩惱也。

〔註37〕參見齊藤唯信著、慧圓居士譯：《俱舍論頌略釋》。高雄：諦聽文化事業有限公司，1997，頁359。

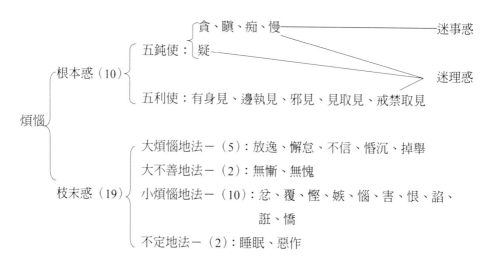

第二項：有漏因

　　有漏因是凡夫生死輪迴之憑據，眾生由煩惱而起之行為動作，名為業。其所招之果，惑是疏緣，業是親因；惑如種子，業如雨露水土。由惑造業，依業生惑，互為關係，從而引生眾生現實果報所感之苦世界，故十二因緣是惑業之相續結果。故有漏因是招感果報之原動力。如五逆、十惡、五戒、十善等，屬於四諦中之集諦範疇。

　　眾生生死流轉，既由惑造業，何者為業？業者造作也，此分為二：一者思業，二者思已業。思業者，由吾人身口將發動作言語時，先於心中思惟造作，即心性界之造作。思已業者，所作身語二業，經語言而行動，由思已作，名思已業。如是二業，又分為三：一者身業，二者語業，三者意業。眾生以業依身，流轉生死，故名身業；業性即語，故名語業，業依意起，激發身語造作，於此身語意三者，造有漏善不善業，引得愛非愛果，而此身語意二業又分為五，即身語二業各分表業無表業二種，表列如下〔註38〕：

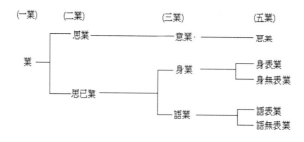

〔註38〕參見李世傑：〈俱舍論的業力思想〉，《俱舍論研究》（上冊），收入張曼濤主編《現代佛教學術叢刊》（第22冊）。台北：大乘文化出版社，1978，頁316。

內心起種種分別名意業，發動於身體化爲行動名身表業，此行爲造作成將來招果之因，而激發自身之因無形無相，無所表示，名身無表業。同樣，意業發動於語言，名語表業，此行爲造作亦成爲將來招果之因，而激發自心，名語無表業。換言之，眾生現世之身語表業，成爲業種子，可招未來之果，留於自身心中，相續相生，此即爲身語無表業。總之，有部認爲身表業以「形色」爲體，語表業以「聲言」爲體，而意業則以「思」爲體；經部認爲三業全以「思」爲體。有部則認爲，身語二業才有「無表業」，意業不含「無表業」。蓋有部以無表色爲實有，經部以思種子上所假立，不許其實在；有部以無表業本身無思慮，無分別，故立爲色法；經部則以無表是在思種子上所假立之法，離色心以外，並無體之存在。兩部五業之體性，表列如下〔註39〕：

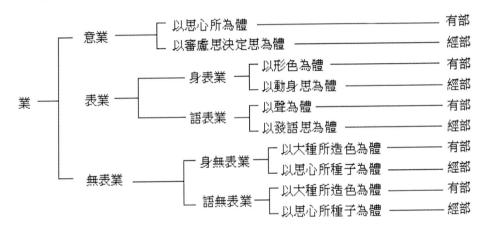

有部的意業就能等起「業」之「因體」而立，是「思即業」之意，而身語二業是思已業，故三業均可言爲由意而等起的標準；而經部之業是原理性的、抽象性的、究竟的，又此業之感果時分，別有四種：分別是順現法受業、順次生受業、順後次生受業及順不定受業。順現法受者，即此生造業，於此生受果；順次生受者，即此生造業，次第二生受果；順後次生受者，即此生造業，從第三生以後受果；順不定受者，即此生造業，不定於現在第二生、第三生或以後受果，更不定於時或果之報。四業列表如下〔註40〕：

〔註39〕參見齊藤唯信著、慧圓居士譯：《俱舍論頌略釋》。高雄：諦聽文化事業有限公司，1997，頁309。

〔註40〕參見齊藤唯信著、慧圓居士譯：《俱舍論頌略釋》。高雄：諦聽文化事業有限公司，1997，頁333。

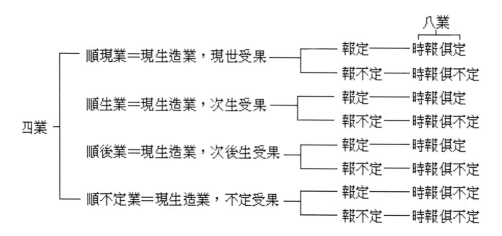

此業在自體性上又可分為引業和滿業。然上述四業何者引總果（引業）？何者引別果報（滿業）？茲見下表〔註41〕：

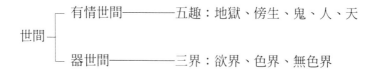

如人趣雖有貧富之別，但同為人身，彼此各具六根，故為別報。可謂共業中有不共業，不共業中有共業，而形成現實世間，亦是業感緣起之思想體系所屬範疇。

第三項：有漏果

有漏果：果者果報，指由惑業之因所感招之果報。此果有二種：一者有情世間，二者器世間。茲見下表：

```
        ┌ 有情世間────── 五趣：地獄、傍生、鬼、人、天
  世間 ─┤
        └ 器世間─────── 三界：欲界、色界、無色界
```

（一）有情世間，又稱假名世間、眾生世間、眾生世，指能居之正報，即五蘊所成之一切眾生，由前生之業所感之依身、即天、人、鬼、畜及地獄

〔註41〕參見李世傑：〈俱舍論的業力思想〉，《俱舍論研究》（上冊），收入張曼濤主編《現代佛教學術叢刊》（第22冊）。台北：大乘文化出版社，1978，頁338。

等五趣。五趣、六趣同義，有情往來之所，由於開合不同，有五、六處之別，故又稱五道、六道。五道即五趣，再加阿修羅道則為六道。又依《俱舍論》卷八載，六道眾生出生之形態，分為胎生、卵生、濕生、化生等四類，並稱六道四生。其中，人趣與傍生趣各具四生，鬼趣通胎化二生，一切地獄、諸天及中有，唯限化生。〔註42〕茲分述四生如下：

（1）胎生，又名腹生，生從胎藏而出生者，如人、象、犬、豬、羊、獅、虎等。

（2）卵生，生從卵殼出生者，如雞、蚊、魚、蟻、孔雀，鵝等。

（3）濕生，又名因緣生，從寒熱和合而生，即由糞聚、注道、穢廁、腐肉等濕氣所生者。

（4）化生，無所託而忽有，如諸天、地獄、中有之有情，以往昔之業力而化生。而五趣四生中，以化生最多。見下表〔註43〕：

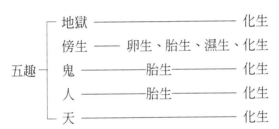

（二）器世間，又名器世界、器界、器等，泛指一切眾生所居之土，即依報（環境），此土形如器物，能容眾生，可變可壞，故稱器世間。又器世間至色究竟天為止，往上為無色天。

小乘以器世間為有情共業所感者，唯識大乘則以之為賴耶識頓變之境。此外，天親於淨土論中，稱阿彌陀佛淨土之莊嚴功德為器世間清淨，即因阿彌陀佛之淨土為如來本願力所建，故稱器世間，然不同於有情共業所感之有漏國土。五趣有情所居之所為欲、色、無色三界，乃迷妄有情在生死流轉中，依其業報之感招，分為三種境界，故又稱三有生死或三有。又三界迷苦如大海不著邊際，故又名苦界、苦海。茲分述三界如下：

（1）欲界：欲者，即具有婬欲、情欲、色欲、食欲、欲界欲勝，故但言

〔註42〕《大正新脩大藏經》第二十九冊 No.1558《阿毘達磨俱舍論》，頁 0043c21（00）0043c23（00）。

〔註43〕參見楊白衣：〈俱舍要義〉，《俱舍論研究》（上冊），收入張曼濤主編：《現代佛教學術叢刊》（第 22 冊）。大乘文化出版社，1978，頁 201。

欲。上自第六他化自在天中，包括人界之四大洲，下至無間地獄等二十處。因男女參居，多諸染欲，故稱欲界。

（2）色界：色者，變礙之義或示現之義，色界色勝，身相宮殿，殊妙精好，故但言色。此界眾生，乃遠離欲界婬、食二欲，具有清淨色質等有情居所。又此世界在欲界之上，無有欲染，亦無女形，眾生以化生再世。此界眾生依禪定之深淺粗妙分為四級，從初禪梵天，至阿迦膩吒天，共有十八天。〔註44〕

（3）無色界：無色者，體非色也，立無色名，唯有受、想、行、識四心，而無物質之有情所居之世界。此界眾生，非色所生，故無身體及宮殿國土，唯以心識住於深妙之禪定，故名無色界。此界果報優於色界之上，共有四天，又名四無色、四空處，即：空無邊處天、色無邊處天、無所有處天及非想非非想處天。

故知世間，依其因果，投生三界，根據「俱舍宗」所言，各有情均具生有、本有、死有、中有之四期。生有，即初受生時的一刹那；本有，即色生而未死之間；死有，即最後命終時的一刹那；中有，即已死而未生之間。其輪迴生死之因果關係，四有輪轉，茲見下表〔註45〕：

```
        ┌ 生有：初受生時一刹那
        │
四有 ────┤ 本有：已生未死之間
        │
        │ 死有：最後命終一刹那
        │
        └ 中有：已死未生之間
```

第五節　無漏因果

無漏因果：無漏因，指修戒、定、慧三學而能斷三界生死之苦果之人，故稱無漏因，即是道諦；無漏果指已斷三界生死之苦，而證真空涅槃寂滅之樂，即是滅諦，故名無漏果。而行者在修行過程中，所生之有、無漏十種智，茲見下表〔註46〕：

〔註44〕色界十八天：初禪三天，即梵輔天、梵眾天、大梵天；二禪三天，即少光天、無量光天、光音天；三禪三天，即少淨天、無量淨天、遍淨天；四禪九天，即小嚴飾天、無量嚴飾天、嚴飾果實天、無想天、無造天、無熱天、善見天、大善見天、阿迦尼吒天。

〔註45〕參見楊白衣：〈俱舍要義〉，《俱舍論研究》（上冊），收入張曼濤主編：《現代佛教學術叢刊》（第22冊）。大乘文化出版社，1978，頁199。

〔註46〕參見李世傑：〈俱舍的智慧思想〉，《俱舍論研究》（下冊），收入張曼濤主編《現代佛教學術叢刊》（第51冊）。台北：大乘文化出版社，1979，頁91。

```
      ┌世俗智（生得慧、聞慧、思慧、修慧）───────────有漏智
十智 ┤法智、類智、苦智、集智、滅智、道智、盡智、無生智─無漏智
      └他心智─────────────────────通有漏、無漏
```

第一項：無漏緣

無漏緣，即離煩惱之法，證得滅諦與道諦所斷之六煩惱，依出世定，發無漏智，由智斷惑，證離繫果，以智爲無漏果之親因，定爲疏緣。定有二種：一者生得定，二者修得定。生得定者，指定是前生之業力自然生得之定地。乃指色界之四禪天等定及無色界等四定，合爲八種定地。即於欲界（散地）時修禪定之功，死後生於色界四禪天或無色界四無色天時所生起之定心。有關生得定及修得定與禪觀之情況，詳見下表〔註47〕：

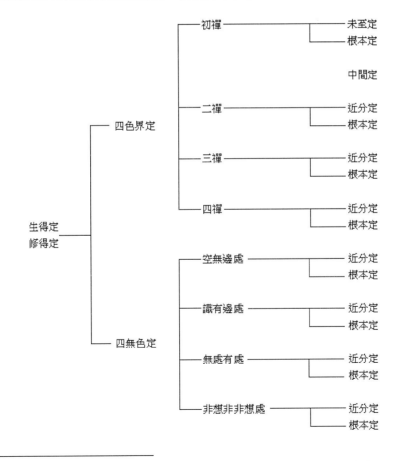

─────────────

〔註47〕參見楊白衣：〈俱舍要義〉，《俱舍論研究》（上冊），收入張曼濤主編：《現代佛教學術叢刊》（第22冊）。大乘文化出版社，1978，頁247。

第二項：無漏因

無漏因，指能招感無漏果報之業因，相當於四諦中之道諦。苦智能證知上下界苦諦之智慧，乃至道智能證知上下界道諦之智慧。苦等四智各緣自諦境四種行相，苦智，起一切非常二苦三空四非我之觀解，待緣方生，故非常；遷流逼迫，故是苦；違我所見，故是空；違我見者，故非我。集智，緣集諦境，起一因二集三生四緣之觀解。如種子生芽，故為因；能等現果，故為集。令果相續，故為生；能成辦果，故為緣。滅智，緣滅諦境，起一滅二靜三妙四離之觀解，有漏斷盡，故為滅；貪瞋癡息，故為淨；體無眾患，故為妙；解脫災橫，故為離。道智，緣道諦境，起一道二如三行四出之觀解，通聖門義，故為道；契合正理，故為如；趣向涅槃，故為行；永脫生死，故為出。茲列四諦的觀法表如下〔註48〕：

表：四諦十六行相

四諦	觀法次第			
苦	非常	苦	空	無我
集	因	集	生	緣
滅	滅	淨	妙	離
道	道	如	行	出

第三項：無漏果

無漏果：由修定慧之無漏因所證得之果德，即四諦中滅諦之涅槃，名無漏果。此果又分四種：一者預流果，二者一來果，三者不還果，四者阿羅漢果。茲列簡表及分述如下：

四果
- 初果（須陀洹）：斷三界見惑。
- 二果（斯陀含）：斷欲界九品修惑中前六品。
- 三果（阿那含）：盡斷欲界九品修惑。
- 四果（阿羅漢）：盡斷三界見修二惑。

四果

（一）預流果，預流音譯須陀洹，此位初見真理，得預入聖者之流，故

〔註48〕參見慈斌：〈俱舍的賢位論〉，《俱舍論研究》（下冊），收入張曼濤主編《現代佛教學術叢刊》（第51冊）。台北：大乘文化出版社，1979，頁119。

名預流，如頌云：

> 釋曰。具足五因。佛立四果。一捨曾得道。謂捨先得果向道故。
> 若預流果。唯捨向道。所餘三果。通捨向道及前果道　二得勝道。
> 謂得果攝殊勝道故。三總集斷。斷是無爲也。謂總一得得諸斷故。
> 名總集斷。言一得者。謂得果時。起一類勝得。得前諸斷。〔註49〕

此有因果二位，因名預流向，果名預流果。預流向者，指初見道時，觀四諦之理，得無漏清淨智慧之階位。蓋其直達預流果，不隨三惡道，故名無退墮法，唯聖者尚未證入果位，故稱向而不稱果。預流果者，指斷盡三界之見惑——八十八使，預入聖流，以第十六心入無漏聖道之階位，由其根之鈍利而分爲：隨信行、隨法行。前者指鈍根，不披文教，他人令入而悟道者；後者指利根，自翻經典，隨法而行。證此果者最多往返人天七次，必證阿羅漢果。

（二）一來果，音譯斯陀含，此位亦有一來向、一來果六品，後三品修惑仍未斷除，故尚須往返人天各一次方入涅槃。然聖者尚未證入果位，故稱爲一來向。一來果者，指聖者已入果位，已斷除修惑前六品。

（三）不還果，音譯阿那舍，此亦有果向二位。不還向者，指斷除欲界九品修惑，將趣向不還果之階位，名不還向。不還果者，聖者已斷盡修惑，得第三果，而不再回欲界受生，故稱不還。〔註50〕

（四）阿羅漢果

阿羅漢〔註51〕果，意譯爲應，唯應作他利益之事，爲小乘之極果，分爲二種，即阿羅漢向，指尚在修行之階，而趣於阿羅漢果者。聖者已得三果，又斷除三界之見惑及欲界九品之思惑，加工修行，繼而斷除色、無色界之惑，於此即名阿羅漢向。依《俱舍論》卷二十四載：

> 此定既能斷有頂地第九品惑。能引此惑盡得俱行盡智令起。金剛
> 喻定是斷惑中最後無間道所生。盡智是斷惑中最後解脫道。由此解脫

〔註49〕《大正新脩大藏經》第四十一冊 No.1823《俱舍論頌疏論本》卷第二十四，頁 0952c26（00）～0953a03（03）。

〔註50〕《大正新脩大藏經》第二十九冊 No.1558《阿毘達磨俱舍論》卷第二十四，頁 0128b14（04）～0128b16（03）。

〔註51〕阿羅漢有：殺賊、不生、應供，稱爲阿羅漢三義，爲自古以來最常見之說。即：（一）殺，賊，指見、思之惑。阿羅漢能斷除三界見、思之惑，故稱殺賊。（二）不生，即無生。阿羅漢證入涅槃，而不復受生於三界中，故稱不生。（三）應供，阿羅漢得漏盡，斷除一切煩惱，應受人天之供養，故稱應供。

道與諸漏盡得最初俱生故名盡智。如是盡智至已生時便成無學阿羅漢果。已得無學應果法故。為得別果所應修學此無有故得無學名。即此唯應作他事故。諸有染者所應供故。依此義立阿羅漢名。〔註52〕

阿羅漢果者，聖者於解脫道已生盡智，斷盡一切煩惱，四智圓融無礙，再無可學。上四果中，前四向三果已得漏盡，仍須修學戒、定、慧，皆名有學；後阿羅漢果，昇至極位，無有所學故，得無學名。

俱舍師所要闡明之中心思想，是一切諸法依因緣方生，不執實我，令凡夫外道斷惑證理，離苦得樂。此宗以五位七十五法歸納為五蘊、十二處、十八界等三科，言諸法自體實有，非如有部所言「三世實有，法體恒有」，而採經部之「現在有體，過未無體」之說。俱舍師言，所謂我者，五蘊相續之假立名相，無有實體，依因緣所生，故無常、一、主宰之我體，於此有六因，四緣、五果之說。此宗以法有我無之理論上，建構有漏、無漏之因果論。有漏因果，又名世間因果，分緣、因、果三種：有漏緣是凡夫所起本惑、隨惑等煩惱；有漏因依煩惱所造之善與不善之業；有漏果是惑、業所招感的有情世間、器世間依、正二報。無漏因又名出世間因果，亦分緣、因、果三種：無漏緣是出世定；無漏因依出世定所悟達之真理；無漏果是由定、慧而獲之四種離繫境界——預流、一來、不還、阿羅漢。

由此可見，有情煩惱之生起，不是迷於理，就是迷於事。迷理者，是迷於悟因果的四諦之理而生煩惱故，此惑於見道所斷，故名見惑。迷於事者，是迷於五塵等各種事相而生的煩惱，此惑於修道所斷，故名修惑。茲將八十一修惑與三界關係表列如下〔註53〕：

表：八十一修惑與三界關係

三　　界	四種修惑	九　　地	別　　計	總　　計
欲界	貪瞋癡慢	五趣雜居地	9品	81品
色界	貪癡慢	離生喜樂地	9品	
		定生喜樂地	9品	
		離喜妙樂地	9品	

〔註52〕大正新脩大藏經 第二十九冊 No.1558《阿毘達磨俱舍論》卷第二十四，頁0126c22（08）～0126c28（13）。

〔註53〕參見齊藤唯信著、慧圓居士譯：《俱舍論頌略釋》。高雄：諦聽文化事業有限公司，1997，頁363。

		捨念清淨地	9品	
無色界	貪癡慢	空無邊處地	9品	
		識無邊處地	9品	
		無所有處地	9品	
		非想非非想處地	9品	

　　故知，貪、瞋、慢、痴通見修二惑，而疑及五見，惟是見惑。又見惑其性猛利，有造業之用，在實踐上，理應先斷，後斷修惑，何以故？前者性質雖利，無漏智生，即時斷滅，其性粗顯故，後者作用雖微，長時修道，方能漸斷，其性隱劣故。

　　俱舍將惑劃分為二，迷理、迷事，茲將俱舍十惑表列於下〔註54〕：

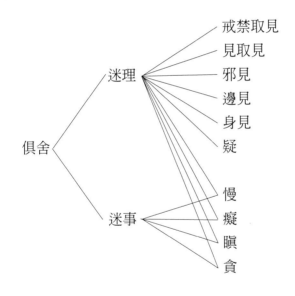

〔註54〕參見楊白衣：〈俱舍要義〉，《俱舍論研究》（上冊），收入張曼濤主編：《現代佛教學術叢刊》（第22冊）。大乘文化出版社，1978，頁207。

第六章　俱舍宗之時間觀判釋

　　據《大毘婆沙論》記載，時有有部等諸論師於三世時間上，各立主張。那麼時間爲何物？時者，遷流之義，同存於三世之內；間者，謂中間也。時爲刹那生滅，前滅後生，連綿不絕間，故名時間。佛典中的最短時間，用「刹那」、「一彈指頃」來敘述。《俱舍論》卷十二云：

> 　　對法諸師說。如壯士一疾彈指頃六十五刹那。如是名爲一刹那量。頌曰。百二十刹那。爲怛刹那量。臘縛此六十。此三十須臾。此三十晝夜。三十晝夜月十二月爲年。於中半減夜論日。刹那百二十爲一怛刹那。六十怛刹那爲一臘縛。三十臘縛爲一牟呼栗多。三十牟呼栗多爲一晝夜。此晝夜有時增有時減有時等。三十晝夜爲一月。總十二月爲一年。〔註1〕

依此記載來推算，一須臾（一牟呼栗多）爲四十八分鐘。一刹那爲零點零一三三秒。一彈指頃約爲零點八六秒。因此可以了解到一刹那是十分短暫的時間，大約是照相機快門百分之一秒的速度。

　　蓋三世者，時間也。有謂其爲物質之內在者；有謂其爲唯心之先天者，眾說紛紜，莫衷一是，由是執故，各執一詞，據理力爭。故諸說紛起，先後有四家和四說：四家，即法救之「類有異說」、妙音之「相有異說」、世友之「位有異說」及覺天之「待有異說」。四說，即由佛說故、由緣生故、識有境故、及業有果故，對安立三世之說，今就「俱舍宗」義，探其本源，以先標後破。詳見下表〔註2〕：

〔註1〕《大正新脩大藏經》第二十九冊 No.1558《阿毘達磨俱舍論》卷第十二，頁0062a22（03）〜0062b20（10）。

〔註2〕參見化聲：〈俱舍論時間之研究〉，《俱舍論研究》（上冊），收入張曼濤主編《現代佛教學術叢刊》（第22冊）。台北：大乘文化出版社，1978，頁272。

第一節　四家之時間觀

第一項：法救之「類有異說」

　　法救是約於西元前一世紀人物，屬於持經譬喻師，《大毘婆沙論》對其三世安立，或推崇、或許破、或建議修改，以符合有部義，故其學說不代表有部正義，其建立「類有異說」，安立三世，《阿毘達磨俱舍論》卷第二十載：

　　　　由類不同三世有異。彼謂諸法行於世時。由類有殊非體有異。
　　　　如破金器作餘物時。形雖有殊而體無異。又如乳變成於酪時。捨味
　　　　勢等。非捨顯色。如是諸法行於世時。從未來至現在。從現在入過
　　　　去。唯捨得類非捨得體。〔註3〕

〔註3〕　《大正新脩大藏經》第二十九冊　No.1558《阿毘達磨俱舍論》卷第二十，頁
　　　　0104c03（06）～0104c08（07）。

類者，謂物之屬性有異，而各成不同之類別。法救體現諸法從未來至今，恒古常一，其剎那變化，乃行於時間有異，故由三世之「類」——現在類、過去類、未來類，所顯示不同，而有三世之差別。是故，法救於法體外，別立時間之類性，三世之類性有得有捨，故構成三世之別，如黃金以工匠爲緣，打造金獅子，復碎金獅子爲不同形態之飾物。黃金是體，獅子飾物是類。昨日之黃金成今日之獅子，今日之獅子又將成明日之飾物。金獅子是現在，飾物是未來，同爲世間之法，不離其體之黃金。又或如乳變成酪等味之差別，推類而知。

第二項：妙音之「相有異說」

　　妙音是約於西元一、二世紀頃，屬北印西方系，常被有部視爲異義，妙音安立三世之時間觀在於「相有異」，據《阿毘達磨俱舍論》卷第二十載：

　　　　尊者妙音作如是說。由相不同三世有異。彼謂諸法行於世時。
　　過去正與過去相合。而不名爲離現未相。未來正與未來相合。而不
　　名爲離過現相。現在正與現在相合。而不名爲離過未相。如人正染
　　一妻室時。於餘姬媵不名離染。尊者世友作如是說。由位不同三世
　　有異。〔註4〕

由前所述，法救立三世之法於三時之上，以金爲喻，尚能目見，唯萬物之法，變法無窮，或不能目見，如耳所聞聲，爲琴弦自發？爲指頭所生？爲虛空有變邪？皆不能答。妙音之「相有異」與法救之「類有異」大同小異，則言法體如一，然三世有異，由相不同。法住現世爲現在世，法住過往爲過去世，法住未來爲未來世。當法住現在世時，過、未世相亦不相離，餘二皆同。例如人貪一女子之美色，於其餘美女非不動念，蓋專心顧戀一女之色，無暇兼顧，非離餘女色之貪欲，故不言無貪，三世亦然。「現在相」彰顯就是現在，「過去相」彰顯名過去相，「未來相」彰顯名未來相，隨顯而得名。若不顯者，隱於內在，而非沒有，由此來區別三世，正是妙音之說。

第三項：世友之「位有異說」

　　世友與法救年代相近，約於西元前一世紀頃，屬北印西方系之阿毘達磨

〔註4〕《大正新脩大藏經》第二十九冊 No.1558《阿毘達磨俱舍論》卷第二十，頁
　　　0104c08（07）～0104c14（06）。

論師，他的論義依作用安立三世之說，多為東方系所採用，並被有部奉為正宗，毘婆沙師特別推崇。《阿毘達磨俱舍論》卷第二十載：

> 尊者世友作如是說。由位不同三世有異。彼謂諸法行於世時。至位位中作異異說。由位有別非體有異。如運一籌置一名一置百名百置千名千。〔註5〕

世友依作用而建立三世之差別，法體如一，並無差別。這就像運籌一樣，放在一就是一，放在十就是十，放在百就是百，雖有一、十、百之不同，而籌體是無差別。世友之位異說，近於法救之類異、妙音之相異。蓋三世有異，說位不同，未作用位，名未來位；正作用位，名現在位；已作用位，名過去位，曆位有別，籌體卻無異，這就是世友之位異說。

第四項：覺天之「待有異說」

覺天是約於西元前後人，屬有部持經譬喻師，其思想與阿毘達磨師大異，卻繼承法救思想而有進一步的發展，其安立三世待異之說，據《阿毘達磨俱舍論》卷第二十載：

> 尊者覺天作如是說。由待有別三世有異。彼謂諸法行於世時。前後相待立名有異。如一女人名母名女。〔註6〕

覺天的「待異說」以安立三世之差別，法體本無差別，但一切法於行世時，其作用由於前後的觀待，故立名有異。蓋以後對待，名為過去；以前對待，名為未來；前後俱待，名為現在。如一女子，名分俱多，對其兒女，則名為母；對於己母，則稱為女；對其丈夫，又稱為妻。雖有母、女、妻三者身份之別，其人之體，欲無有殊，是為覺天之「待異說」。

以上四大論師所立之三世說，各有短長，然《大毘婆沙論》主將採世友之說：「論曰。此中有四種。類相位待異。第三約作用。立世最為善。」〔註7〕，蓋毘婆沙師觀一切法，以相用為觀待對象，無三世雜亂，故立世友之論為正義。《阿毘達磨俱舍論》卷第二十載：

〔註5〕 《大正新脩大藏經》第二十九冊 No.1558《阿毘達磨俱舍論》卷第二十，頁0104c14（06）～0104c17（12）。

〔註6〕 《大正新脩大藏經》第二十九冊 No.1558《阿毘達磨俱舍論》卷第二十，頁0104c17（12～0104c19（04）。

〔註7〕 《大正新脩大藏經》第二十九冊 No.1558《阿毘達磨俱舍論》卷第二十，頁0104b29（00）～0104b29（00）。

以有爲法未已生名未來。若已生未已滅名現在。若已滅名過去。
〔註8〕

又曰：

此中有四種。類相位待異。第三約作用。立世最爲善。〔註9〕

世友依「作用」安立三世之說，較之於餘師優勝，以無世相雜亂過失。

第二節　有宗之時間安立四說

第一項：由佛說故

「說一切有部」以一切法皆有實體，故立爲有宗。然法體之實有，可有四因，其中聖教量者，以禪修之力對治色心，如行者於欲界修止入於初禪（色界天），欲界爲過去，初禪天爲未來，以厭捨過去之色心，而修斷未來之色心，若色非有，如何厭捨？如何欲求？若時間非有，欲界何去？初禪又何得？是故，厭欣倏爾，來去分明。於此修證，凡聖立判，故此爲佛法之根本，時空自然非空花幻影。

第二項：由緣生故

一切諸法依因緣而生，故識生起，必賴於根，然根住過去，若是無根，識如何生？以缺緣故。識托境生，境通去來，若無去來，云何生境？以缺緣故。與草木石瓦有異，若無根，則識不生；若識不生，則境不現，此非時間之緣生？

第三項：識有境故

由上得知，識生境生，境者，或前塵往事，或山河大地，或鏡花水月，此等景象，必有先後。然而識緣之境，其必有境住之時，既有住時，時必有秩，識緣月時，名爲現在；次緣兔時，已爲過去；將緣花時，名曰未來。是等本質，按其次第，立其時序是也。

〔註8〕《大正新脩大藏經》第二十九冊 No. 1558《阿毘達磨俱舍論》卷第二十，頁0105a21（09）。

〔註9〕《大正新脩大藏經》第二十九冊 No.1558《阿毘達磨俱舍論》卷第二十，頁0104b29（00）～0104c01（00）。

第四項：業有果故

佛言因果，立三世說，故知三世實有。若無過去業，豈有現在果；若無現在因，豈有未來果；是故無業體說，果如何生？無因無果，非佛所說，屬外道矣，而非佛法。如此因果，依因緣業果，循環不息，即十二緣生所言之三世二重因果，由此方生。故安立三時，業果輪迴之說得以成立。

第三節　評破諸說

第一項：評破法救之類異說

法救於法體外別立類性，安立三世之差別，婆沙論主評破他「離法自性，說何為類」！此其一也。又汝云由類而異，非體不同。然體與類，是一是異。若言是一，體常類常，體非常者，類亦非常，體類一也。若是異者，各不相干，何故言體同異，豈非自相矛盾？故亦非理。若如此言，從未來世至現在世時，先滅未來之類，方得現在之類；又從現在至過去世時，先有現在之類，方得過去之類，即言過去世時，先捨現在之類，方得過去之類，即言過去有生，未來有滅，違因明之世間過矣。此其二也。又《俱舍論》破曰：「此四種說一切有中。第一執法有轉變故。應置數論外道朋中。」〔註10〕即從未來類變成現在類，現在類變成過去類，如此轉變，豈非數論師之說，故世親批評法救之類異說實與數論外道相同，成了外道流派，故加以否定，此其三也。〔註11〕

　　（按：眾賢之《順正理論》批評《俱舍論》說：「但說諸法行於世時。體

〔註10〕《大正新脩大藏經》第二十九冊 No.1558《阿毘達磨俱舍論》卷第二十，0104c20（04）～0104c21（04）。

〔註11〕印順法師認為：法救的「類異」說，『俱舍論』主評為：「執法有轉變故，應置數論外道朋中」（《俱舍論》卷20，載於《大正藏》29冊，頁104下）。這說得太嚴重了！這是依於乳變為酪的譬喻，而引起的誤會。『順正理論』批評『俱舍論』說：「但說諸法行於世時，體相雖同而性類異，此與尊者世友分同，何容判同數論外道」（《順正理論》卷52，《大正藏》29冊，頁631中）。『順正理論』主眾賢 Sam!ghabhadra，重視「性類差別」，以為「體相無異，諸法性類非無差別」。（《順正理論》卷52，《大正藏》29冊，頁632下。）他在世友 Vasumitra「依用立世」的見地上，融會了法救的「類異」說。眾賢以為：如同為四大，有內四大與外四大的類別；同為受心所，有樂受與苦受的類別。所以體相相同，是不妨有類性差別的。他從同時多法的體同類別，推論到異時一法的體同類別。類別，就是依作用的差別而有三世，所以說與「世友分同」。（印順著：《說一切有部為主的論書與論師之研究》。台北：正聞出版社，2002，頁296～297）

相雖同而性類異。此與尊者世友分同。何容判同數論外道。」他認爲，體相相同，是不妨有類性差別的。）

第二項：評破妙音之「相異說」

妙音之相異說，被《阿毘達磨俱舍論》卷第二十批評：

> 第二所立世相雜亂。三世皆有三世相故。人於妻室貪現行時。
> 於餘境貪唯有成就。現無貪起何義爲同。〔註12〕

由此得知，法救的「類」與「體」之關係，過於鬆散；而妙音之「相」與「法體」不離，關係密切。前者，「類」是前後別起；後者之「相」是體同時，唯用有先後。妙音認爲，三有爲相非刹那，生異滅等差別相建立在相續上。又認爲每一有爲法於時態法體中，皆與三世相不相離，唯與其中一相相應。打個譬喻，某人褲袋有三張信用咭，分別名過去、現在、未來之咭。當現在之信用咭顯示出來，過去及未來之信用咭並非沒有，而是隱存在褲袋內，餘二亦同。如此，問題便出現。體既不變，相由何隱？相有隱顯，體何不變？又此法之相，屬體或非體？若非體相，屬誰之相？若屬體相，一變一否，何由立異？且相顯時，有情共知；隱時，以何知有？又顯隱兼備，顯現在相，過未則隱，如此說來，三世成九，輾轉引發，犯無窮過失。故《俱舍論》云：

> 第二所立世相雜亂。三世皆有三世相故。人於妻室貪現行時。
> 於餘境貪唯有成就。現無貪起何義爲同。第四所立前後相待。一世
> 法中應有三世。謂過去世前後刹那。應名去來中爲現在。未來現在
> 類亦應然。〔註13〕

第三項：評破世友之「位異說」

世友依作用差別，用運籌喻，安立三世，試圖說明「由位有異，非體有異」之說。世親破說：

> 論曰。應說若法自體恒有。應一切時能起作用。以何礙力令此
> 法體所起作用時有時無。若謂眾緣不和合者。此救非理。許常有故。

〔註12〕《大正新脩大藏經》第二十九冊 No.1558《阿毘達磨俱舍論》卷第二十，頁
　　　　0104c22（05）～0104c26（06）。
〔註13〕《大正新脩大藏經》第二十九冊 No.1558《阿毘達磨俱舍論》卷第二十，頁
　　　　0104c22（05）～0104c26（06）。

又此作用云何得說爲去來今。豈作用中而得更立有餘作用。若此作用非去來今而復說言作用是有。則無爲故應常非無故不應言作用已滅及此未有法名去來。若許作用異法體者。可有此失。然無有異。故不應言有此過失。若爾所立世義便壞。謂若作用即是法體。體既恒有用亦應然。何得有時名爲過未。故彼所立世義不成。何爲不成。以有爲法未已生名未來。若已生未已滅名現在。若已滅名過去。彼復應說若如現在法體實有去來亦然。誰未已生誰復已滅。謂有爲法體實恒有。如何可得成未已生已滅。先何所闕。彼未有故名未已生。後復闕何。彼已無故名爲已滅。故不許法本無今有有已還無則三世義。應一切種皆不成立。〔註14〕

世友之「位異說」被婆沙師推爲正義，主要是沒有三世雜亂的缺失。世友安立三世依作用分立，雖離法救、妙音之「類異」、「相異」之困難，在四家中較優，若仔細精研，猶未足也。蓋法體與作用是異是同，表時不一，仍陷於俱舍師之問難。世友立說，作用謝時，當屬過去，何以現見，根相猶存。若作用事無，作用勢有，何故過去同類因等，與果相應，故有其作用，既有作用，應名現在。是故，時間雜亂，難以釋疑。若體是常，又何以現在有緣，生作用故，過未緣謝，則無作用。蓋緣亦是法，其體應常，何故時有時無，犯相違過失。故世友之「運籌喻」，亦不恰當。由位有異，非體有異，安立三世之說，自相矛盾，立兩難之地。

世友雖無「類異」、「相異」之過失，但有「法體」與「作用」是同？是異？之困境。

第四項：評破覺天之「待異說」

覺天以觀待前後之別待異安立三世，他以一女子爲喻，在不同立場有不同之身份——女兒、母親、妻子。婆沙師批評說：彼師（指覺天）所立，世有雜亂，所以者何？前後相待，一一世中有三世故。謂過去世前後刹那，名過去未來，中間名現在未來；三世類亦應然，現在世雖一刹那，待後待前及俱故，應成三世，《阿毘達磨俱舍論》卷第二十曰：

> 第四所立前後相待。一世法中應有三世。謂過去世前後刹那。

〔註14〕《大正新脩大藏經》第二十九冊 No.1558《阿毘達磨俱舍論》卷第二十，頁0105a09（00）～0105a27（00）。

　　應名去來中爲現在。未來現在類亦應然。〔註15〕
綜觀四家安立三世，差別有異，仍存世相雜亂，困境難解，如上所說，三世
法體，是實是有，由何而來？各自成理，簡而言之：

　　一、法救的「類有異」說，主張三世諸法唯有形類的區別，而實質相同。

　　二、妙音的「相有異」說，主張諸法行於世時，如果住於過去世時，正
與過去相和合，即名過去法；與現在相和合，即名現在法，與未來相和合，
即名未來法。

　　三、世友的「位有異」說，主張三世是依法的作用而定，並非本體有差
異。即法未作用時，名爲未來；正在作用時，即名現在；已作用時，名爲過
去。

　　四、覺天的「待有異」說，主張諸法行於世時，前後相待，而立名有異。
如一女人名母名女。〔註16〕

　　世親對此四家之說加以批判，認爲世友的說法較爲妥善，即諸法作用未
起，名爲「未來」；正在作用時，名爲「現在」；作用已滅，名爲「過去」，並
非本體有所不同，而且無論是現在法、未來法、過去法，其本體是存在而不
失的。

　　世親評四家之說，以世友最善，蓋其本體如一，三世存而不失。

第五項：斥由佛說

　　佛說法四十五年，亦未曾說一法。佛之言有，與彼言有，大相逕庭，何

〔註15〕《大正新脩大藏經》第二十九冊 No.1558《阿毘達磨俱舍論》卷第二十，頁
　　　　0104c24（05）～0104c26（06）。
〔註16〕近代學者印順法師對以上四家之說有如下評論：「法救與妙音，著重於法體外
　　　　的類或相。法救的類，是前後得捨的；妙音的相，是體同時而用前後的。現
　　　　在要說，世友與覺天，著重於法體自身所起的作用或別異。世友的作用，約
　　　　「引生自果」說。覺天的「異」，約前後別異說。依作用而有前後的別異；也
　　　　從前後的別異，而分別作用的起滅。這樣的法體行世而別爲三世；三世是時
　　　　間相，時間是不離觀待而成立的。世友的「位」，如不假觀待，怎能分別是十
　　　　是百呢？覺天所舉的女人的譬喻，同一女人，如法體沒有差別。起初從母生，
　　　　後來能生女，如法體行世而有的作用差別。稱爲女兒，後又稱爲母親，如法
　　　　體的名爲未來，名現在，又名爲過去一樣。世友的「位異」，覺天的「待異」，
　　　　是相差不多的。不過覺天重於待異，世友重於起用。觀待安立，或以爲是假
　　　　立的；也許爲了避免假立的誤會，世友所以專重依用立世吧！世友的「位異」
　　　　說，仍存有觀待的遺痕。」（印順著：《說一切有部爲主的論書與論師之研究》。
　　　　台北：正聞出版社，2002，頁301。）

謂名同實異。佛所說之法,假說爲有,非執實有;眾生言有,遍計執有,非眞實有。佛對壞因果理者,以遮其顯見,故說爲有。若言過去爲曾有,未來則爲當有,佛以世間法令眾生悟道,方說爲有,實非眞實;可說過未無體,若計執爲實有,過去、未來二者則與現在無異,理無差別,俱實有故。故佛說有,意義多端,或以有表無法,或以有詮假有,或以有談眞空妙有,或以……非一說有,乃實有義,須知,佛以一音宣妙法,眾生隨類各得解。由此可知,佛言之法,因材施教,皆以方便言說,一如醫生用藥,同一種藥,搭配不同,對準下藥,方能藥到病除。佛渡化眾生亦然,於眾生執有說空,執空言有,執實我說五蘊,執實法則說緣生是也。

第六項:斥由緣生說

根境二緣,雖能生識,唯前五根者,粗顯易見,不難分辨。六者意根,法塵微細,與識生緣,尚不易察。世間眾生,聰慧者少,鈍根者多,故難掌握。若言根境生識,爲同異否,若言同生其識,何以未來,千百劫後,仍有彼法,生於現前。若言異生其識,何以說法,同爲意識,作能生緣。故知一切諸法,劃分爲二:一曰有爲,一曰無爲。有爲之法,有生滅相。無爲法者,誰爲生因,當知識生,以意爲因,法爲緣境。是故,過去未來,皆攝於法,以作所緣,相似顯現。

第七項:斥識有境說

擁識有境故者,言識起境有,識緣之境,境必有住。由此觀之,彼謂實境,方可生識。如此,前塵影事,與現在之法,又有何異?若人緣聲,耳遇境時,意同時俱起。若耳識未生,獨頭意證,亦自能緣,了無障礙。謂此兩意識,可有同異。若言異者,聲既實有。意又同緣,何異之有?有爲法者,識生境有;無爲法者,涅槃寂滅,識境皆無,吾人意識,以何能緣。故此派所執,實是非理,不了義故。

第八項:斥業有果說

此說執業有果,因果非同時,故知三世實有。又言現在之果報,知有過去之業因;又有現在之業因,知有未來之果報,業果俱有,此亦非理。若業果俱有,業既實有,如何變現爲果?若果已實有,業何用生?又彼說之業果,

為一為異？若是一者，何用分為業果二份；若是異者，業與果相違，況業與果，為同時異時乎。若同，則俱現，由誰所生？若異，則各地呈現，如此，業果即有相隔。由此可知，業與果者，具三義緣生；一為相續，其二三者，轉變差別；然相續者非常，轉變者非實，差別者非一非常非實。故知，其為有實者，皆俱破之。

　　以上是世親別破八說，而此八說中他認為世友之「位有異說」較為優勝，但仍有缺失。故頌云：「此中有四種。類相位待異。第三約作用。立世最為善。」〔註17〕

第四節　俱舍宗安立之時間觀

　　綜觀上文，對於「三世實有」論中曾有極大論辯，《俱舍論》卷二十載：

> 論曰。三世實有。所以者何。由契經中世尊說故。謂世尊說。
> 苾芻當知。若過去色非有。不應多聞聖弟子眾於過去色勤脩厭捨。
> 以過去色是有故。應多聞聖弟子眾於過去色勤脩厭捨。若未來色非
> 有。不應多聞聖弟子眾於未來色勤斷欣求。以未來色是有故。應多
> 聞聖弟子眾於未來色勤斷欣求。又具二緣識方生故。謂契經說。識
> 二緣生。其二者何。謂眼及色。廣說乃至意及諸法。若去來世非實
> 有者。能緣彼識應闕二緣。已依聖教證去來有。當依正理證有去來。
> 以識起時必有境故。謂必有境識乃得生。無則不生。其理決定。若
> 去來世境體實無。是則應有無所緣識。所緣無故識亦應無。又已謝
> 業有當果故。謂若實無過去體者。善惡二業當果應無。非果生時有
> 現因在。由此教理。毘婆沙師。定立去來二世實有。〔註18〕

由此可知，毘婆沙師立三世實有，舉教證、理證以作根據。從教證而言，引用佛陀在《阿含經》，鼓勵弟子欣求「未來色」而捨「過去色」，來證明過去及未來皆是實有；又以「識二緣生」說明識必待緣而起，故所依之根及所緣之境，必有對象（境）。故言過去、未來之法是實有，以心識能了知故。從理證方面，同樣，境是識生起的所緣緣，故識生起時，必生境故，蓋識以了別

〔註17〕　《大正新脩大藏經》第二十九冊 No.1558《阿毘達磨俱舍論》卷第二十，頁0104b28（03）～0104c01（00）。

〔註18〕　《大正新脩大藏經》第二十九冊 No.1558《阿毘達磨俱舍論》卷第二十，頁0104b05（00）～0104b22（06）。

為性。又婆沙師以「謝業必有其果」，若無其果，因從何來？如何感果？由此推論，過去壞滅，而非即無，既然過去是有，未來亦可類推為有。世親對此種種異說，加以批評，論曰：

> 若自謂是說一切有宗決定應許實有去來世。以說三世皆定實有故。許是說一切有宗。謂若有人說三世實有。方許彼是說一切有宗。若人唯說有現在世及過去世未與果業。說無未來及過去世已與果業。彼可許為分別說部。非此部攝。〔註19〕

由此得知，主張「過去世未與果業」及「無未來及過去世已與果業」是分別說部，而非「說一切有部」，故「三世實有」確定是「說一切有部」的特質。世親在論中援引經部之「現在實有過未無體」說，來否定有部的教證及理證。故論曰：

> 經如何說。如契經言。梵志當知。一切有者。唯十二處或唯三世。如其所有而說有言。若去來無如何可說有能所繫及離繫耶。彼所生因隨眠有故。說有去來能繫煩惱。緣彼煩惱隨眠有故。說有去來所繫縛事。〔註20〕

世親認為，所謂三世，一為能繫，煩惱是也；二為所繫，有情是也。所以者何？若無煩惱，如何流轉？若無所繫，如何生死？小乘執實，是為法執，凡夫執有，是為我執，取其一者，必有生死。故佛所說，一切法者，離二取空，俱舍破我，一切諸法，說有隨眠，非真實有。蓋隨眠者，有情所縛，既有所縛，必有生死，輪迴三世。若出離者，勤修定慧，斷惑證果，坐斷三世。其結論是：

> 故不許法本無今有有已還無則三世義。應一切種皆不成立。
>
> 〔註21〕

世親同意佛曾說「一切有」，但否定過去、未來皆是實有。所謂「一切有」是指十二處有，而非三世實有。若堅持佛說三世有，則只可理解為「如其所有而說有」，即現在是現有，過去是曾有，未來是當有，故他破斥三世實有之說。

〔註19〕 《大正新脩大藏經》第二十九冊 No.1558《阿毘達磨俱舍論》卷第二十，頁0104b23（14）～0104b27（11）。

〔註20〕 《大正新脩大藏經》第二十九冊 No.1558《阿毘達磨俱舍論》卷第二十，頁0106a25（02）～0106a29（02）。

〔註21〕 《大正新脩大藏經》第二十九冊 No.1558《阿毘達磨俱舍論》卷第二十，頁0105a26（00）～0105a27（00）。

佛說法四十五年，安立文詞，令眾生開悟，須知佛法具了義與不了義，佛陀為化有情，對機說法，時說有實，時說無體，時言現在，時言過去，時言未來，以假談假，有作有為，有修有證，如其所有，而說有言。佛說三世，現在正有，過去曾有，未來當有，前實後假，業當來之果，亦應是假，有去來故，能繫煩惱。故有情生死之苦，實為煩惱之因。由此觀之，煩惱滅除，流轉息止。故凡夫外道，執實為有，是為我執。

第七章　俱舍宗之修證方法與階位

佛說法四十五年，所說的法不離四聖諦，即苦、集、滅、道。苦說明眾生世間之苦果，集說明世間之苦因，滅說明解脫生死輪迴出世間之樂果，道則說明出世間之樂因。故眾生趨入悟界就要道斷煩惱之種子，方出三界。若要根除一切煩惱種子，修行者須修四諦觀，即在苦諦下，觀無常、苦、空、無我；在集諦下，觀因、集、生、緣；在滅諦下，觀滅、淨、妙、離；在道諦下，觀道、如、行、出。此修行過程必須經歷七賢四聖之階位，方得涅槃聖果，有關小乘之修行方法及階位，詳見下表〔註1〕：

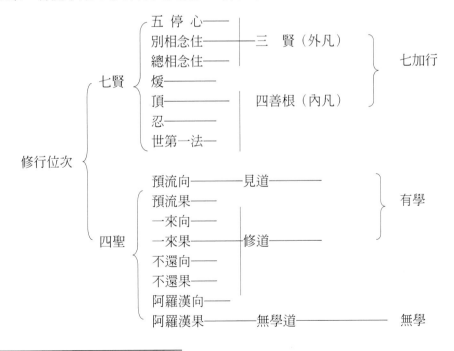

〔註1〕參見齊藤唯信著、慧圓居士譯：《俱舍論頌略釋》。高雄：諦聽文化事業有限公司，1997，頁403。

　　如上所述，修行者依上表之階位漸次證果，唯行持之先，必須身器清淨方成。故下文先述三淨因（身器清淨），再言七賢四聖，以窺其堂奧。

第一節　三淨因

　　凡依教修行者，必先清淨身器，修三淨因。三淨因者，謂身心遠離、喜足少欲及四聖種。身遠離者，身離惡友，斷絕惡緣。心遠離者，必不思惡，常懷正念。說易行難，欲求成功，須行喜足少欲。喜足者，所得知足，不過份貪求；少欲者，不求大欲，不求妙多。四聖種者，衣服喜足，飲食喜足，臥具喜足，樂斷修聖，佛教弟子，以此對治衣服、飲食、臥具、有無有等四愛，便能走向解脫妙境。修行佛道者，以出離解脫為本，使心遊於幽玄之境，故對外界之事物，應不貪著，不存拘泥，少欲知足，當離邪念，斷絕奸朋，正修聖道，方得成就。俱舍云：

　　……喜足少欲能治此故與此相違應知差別。喜足少欲通三界無漏。所治二種唯欲界所繫。喜足少欲體是無貪。所治二種欲貪為性。能生眾聖故名聖種。四聖種體亦是無貪。四中前三體唯喜足。謂於衣服飲食臥具。隨所得中皆生喜足。第四聖種謂樂斷修。如何亦用無貪為體。以能棄捨有欲貪故。〔註2〕

又頌曰：

　　具身心遠離。無不足大欲。謂已得未得。多求名所無。治相違界三。無漏無貪性。四聖種亦爾。前三唯喜足。三生具後業。為治四愛生。我所我事欲。暫息永除故。〔註3〕

第二節　三　賢

第一項：五停心

　　五停心，又名五停心觀、五門禪、五度門。修行者依佛道之法，先預備行持身器清淨，最初所得之賢位，名五停心。若修行者依此五法而行，當能

〔註2〕《大正新脩大藏經》第二十九冊　No.1558《阿毘達磨俱舍論》卷第二十二，頁 0117a13（08）～0117a19（00）。
〔註3〕《大正新脩大藏經》第四十一冊　No.1823《俱舍論頌疏論本》卷第二十二，頁 0940c13（01）～0940c19（00）。

－106－

停止五過，息止惑障。五停心者，即（一）不淨觀、（二）慈悲觀、（三）緣起觀、（四）界分別觀、（五）數息觀。解說如下：

（一）不淨觀者：觀境界不淨之相，對治貪愛之修行方法。頌說：

> 入修要二門。不淨觀息念。貪尋增上者。如次第應修。論曰。正入修門要者有二。一不淨觀。二持。息念。誰於何門能正入修。如次應知。貪尋增者。謂貪猛盛數現在前。如是有情名貪行者。彼觀不淨能正入修。尋多亂心名尋行者。彼依息念能正入修。有餘師言。此持息念非多緣故能止亂尋。不淨多緣顯形差別引多尋故治彼無能。有餘復言。此時息念內門轉故能止亂尋。不淨多於外門轉故。猶如眼識治彼無能。此中先應辯不淨觀。如是觀相云何。頌曰。爲通治四貪。且辯觀骨鎖。〔註4〕

若有修行者，由多貪者，應觀身不淨，止息多貪，以停貪欲之心。例如觀想死屍青瘀等相以對治顯色之貪，觀想鳥獸吃死屍之肉，以對治形色之貪，觀想死屍腐爛生蟲之相，以對治妙觸之貪，觀想死屍不動之想，以對治供奉之貪，乃至觀想白骨骷髏，以對治以上之四貪。故論云：

> 此中先應辨不淨觀。如是觀相云何。頌曰。爲通治四貪。且辨觀骨鎖。廣至海復略。名初習業位。除足至頭半。名爲已熟修。繫心在眉間。名超作意位。釋曰。修不淨觀。正爲治貪。貪有四種。一顯色貪。二形色貪。三妙觸貪。四供奉貪。緣青瘀等。修不淨觀。治顯色貪。緣虫食等。治形色貪。緣虫蛆等。治妙觸貪。緣屍不動。治供奉貪　若緣骨鎖。修不淨觀。通治四貪。以骨鎖中無四貪境故。今應且辨修骨鎖觀。〔註5〕

即每一種不淨觀對治一種色貪，以消除行者內化之煩惱，利於入定。

（二）慈悲觀者：又作慈心觀、慈愍觀，觀一切眾生，生慈悲之念，乃多瞋之眾生，觀由與樂拔苦而得之真正快樂，以對治瞋恚煩惱之方法。修慈悲觀者，應分三階段，漸次遞進，逐段觀想，何者爲三，（1）慈及觀愛、（2）慈及中人、（3）慈及怨憎，其中以第三階段最難克服。因眾生生起瞋恚之心，以怨家對頭爲主，那麼如何來慈及怨憎？頌曰：

〔註4〕《大正新脩大藏經》第二十九冊　No.1558《阿毘達磨俱舍論》卷第二十二，頁0117b06～0117b18。

〔註5〕《大正新脩大藏經》第四十一冊　No.1823《俱舍論頌疏論本》第二十二，頁0941b05（02）～0941b15（01）。

無量有四種。對治瞋等故。慈悲無瞋性。喜喜捨無貪。此行相
如次。與樂及拔苦。欣慰有情等。緣欲界有情。〔註6〕

又《阿毘達磨俱舍釋論》云：

偈曰。如慈雖不受。釋曰。譬如於慈悲等觀中。雖無能受及利
益他事。有無量福生。從自心起。〔註7〕

故修行者當以平等慈悲對待一切眾生，不管過去、現在、未來三世之眾生，
皆與我從無始以來之怨親，永遠交互並行，存在於同一空間，而一切眾生亦
與我有過人際關係，他們亦是成就自己菩薩之道，以此慈心，利益眾生，作
如是觀。

（三）緣起觀：又作因緣觀、觀緣觀，觀諸法由因緣而生之理，即觀順、
逆十二因緣，以對治愚癡煩惱之方法。茲列十二緣起與三世二重因果表如下〔註
8〕：

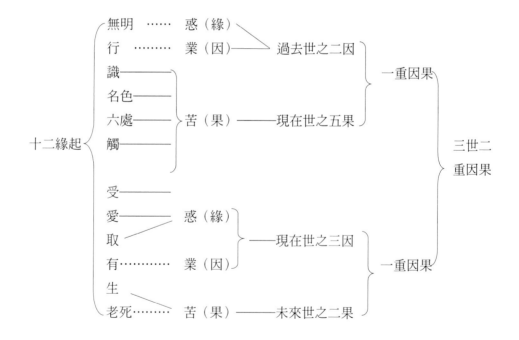

〔註6〕 《大正新脩大藏經》第二十九冊 No.1558《阿毘達磨俱舍論》卷第二十九，
頁 0150b13（00）～0150b17（00）。

〔註7〕 《大正新脩大藏經》第二十九冊 No.1559《阿毘達磨俱舍釋論》卷第十三，
頁 0251b11（01）～0251b12（01）。

〔註8〕 參見齊藤唯信著、慧圓居士譯：《俱舍論頌略釋》。高雄：諦聽文化事業有限
公司，1997，頁 246。

愚痴之人，宜修此法，蓋不明白因果法及不信因緣法者，於生死輪迴，不知所以，以致醉生夢死，煩惱終身。此有三階：（一）初習行者，當觀過去未來世之四目，生緣老死，無明緣行，令心專注，繼而續觀，人既有生，必將有死，若無老死，先當無生；若滅於行，先滅無明。行者若能按部而觀，當生慧根。（二）已習行者，完成首階，當觀現在世之八目，即觀，行緣識，識緣名色，名色緣六入，六入緣觸，觸緣受，受緣愛，愛緣取，取緣有，反覆觀想，達無雜念，方能功成。（三）久習行者，當教觀想，三世十二因緣，觀無明緣行，行緣識，識緣名色，名色緣六入，六入緣觸，觸緣受，受緣愛，愛緣取，取緣有，有緣生，生緣老死，通觀三世及兩重因果，眾生流轉及還滅生死之原因。佛說痴者有二：一如牛羊無知，二如外道邪見，眾生流轉三世之罪魁禍首是無明，若無明已明，則近道矣。

（四）界分別觀：又名界方便觀、析界觀、分析觀、無我觀。界是差別界限，類別分際，名之為界，乃觀五蘊、十八界之諸法，由地、水、火、風、空、識所和合，用以對治我執之方法。界分別觀是從人生的身心、環境世界，作一整體分析，故人生存在，亦是身、心、環境之暫時組合。十八界是由精神和物質二大要素所構成，換言之，所謂人，即我，只不過是十八界的個別零件，並非主體之實我，只是暫時組合之生命現象，離此皆無。是故行者作如是觀，見有為相壞，無作相親，數數修習，此觀功成。

（五）數息觀：又作安那般那觀、持息念，念持出入之息，計其息數，而令心念止持於一境，為散亂之眾生修持之方法。數息之法，有六差別：一者數法，依出入息，合為十數，時有散失，或減數之誤，或增數之誤，或雜亂之誤，離此之失，方名正數，若遇散失，從一起計，終而復始，至不染亂，乃至得定。二者隨法，心注於息，不作加行，，隨其呼吸，若入息時，觀照全身，喉心臍腑，乃至足指，無一不達，念恆隨之。若出息時，念隨遠處，遍一切物，念亦隨伴，真實作意，隨息而行，方能入定。三者止息，萬念專注，繫於鼻端，或眉間等，樂意住處，安止其心，便能入定。四者觀法，將入出息，觀為外境，住心心所，具觀色法，五蘊為境。五者轉法，觀入出息，觀境成熟，覺知息處，依身而住，轉念於身，受心法等，從而跳升，四善根住。六者淨法，由觀息法，趨於成熟，轉移意向，修四念住，加功用行，入見道位，六相有異。要之，持息者，使心專注一境，去除懆動之心，引發止生，為勝觀之所依者。

依此修行，漸入於境，達至無所依而住，離一切執著。以上修法，入出息念和厭惡作意爲安止業處，前者最高可達到色界四禪天，後者只能達至色界初禪天，餘四種極其量達到近行定（近行定是初禪邊）。

第二項：四念住

四念住，又稱四念處、四念處觀、身受心法、內觀，指從身、受、心、法四方面覺知，其身不淨、其受是苦、其心無常、其法無我，用以對治淨、樂、常、我四種顛倒，論云：

> 四念住觀取身、受、心、法差別之相。又於身中。而取種種差別之相。除其四倒。〔註9〕

見下表〔註10〕：

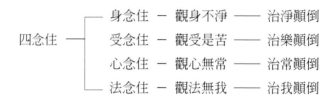

四念住
- 身念住 — 觀身不淨 —— 治淨顛倒
- 受念住 — 觀受是苦 —— 治樂顛倒
- 心念住 — 觀心無常 —— 治常顛倒
- 法念住 — 觀法無我 —— 治我顛倒

在原始佛教聖典中，當提及四念住，就是修行，提到修行，就指修習四念住，故四念住在原始佛教中，就是修行的核心，《雜阿含經》：

> 世尊獨靜思惟，作是念：「有一乘道能淨眾生，度諸憂悲，滅除苦惱，得真如法，謂四念處。」〔註11〕

又曰：

> 如是四念處修習多修習，於此法、律得盡諸漏，無漏心解脫、慧解脫，現法自知作證：「我生已盡，梵行已立，所作已作，自知不受後有。」時，諸比丘共聞尊者阿那律所說，歡喜隨喜，各從座起而去。〔註12〕

〔註9〕《大正新脩大藏經》第四十一冊 No.1822《俱舍論疏》卷第二十三，頁 0733b22（00）～0733b23（06）。

〔註10〕參見楊白衣：〈俱舍要義〉，《俱舍論研究》（上冊），收入張曼濤主編《現代佛教學術叢刊》（第 22 冊）。大乘文化出版社，1978，頁 230。

〔註11〕《大正新脩大藏經》第二冊 No.99《雜阿含經》卷第四十四，頁 0322b01（03）～0322b02（02）。

〔註12〕《大正新脩大藏經》第二冊 No.99《雜阿含經》卷第二十，頁 0141a10（01）～0141a14（03）。

小乘修行者於五停心學有所成，繼而遞進修四念住觀。蓋五停心之修習，以止行者之亂心，而修四念住則令行者引發觀慧，以斷煩惱。四念住之內容，詳見於下：

（一）身念住：修行者於禪定中，觀察身體無論內外為不淨之物，充滿污穢，無一潔淨，是為觀身不淨。

（二）受念住：第二念住為受念住。佛陀指導觀察九種受念：樂受、苦受、不苦不樂受、有物染的樂受、無物染的樂受、有物染的苦受、無物染的苦受、有物染的不苦不樂受、無物染的不苦不樂受。觀察感受，感受就是苦樂的感覺，快樂從痛苦的因緣而生出，又生出新的苦樂，世間並無實在的快樂，所以觀受為苦。

（三）心念住：第三念住為心念住，佛陀指導觀察十六種心：有貪心、離貪心、有瞋心、離瞋心、有痴心、離痴心、昏昧心、散亂心、廣大心、不廣大心、有上心、無上心、得定心、無定心、解脫心、未解脫心。如此，或於內外心隨觀心而住。或於心隨觀生起之法而住，或於心隨觀壞滅之法而住，以無所依而住，亦不執取世間的一切。

（四）法念住：第四念住為法念住，其下分五種：五蓋〔註13〕、五取蘊、六處、七覺支〔註14〕、四諦。除五蓋外，其餘四種，前已論述，故不重贅。五蓋，即修習禪定的五種障礙：欲貪、瞋恚、昏沉與睡眠、掉舉和追悔、疑。《阿毘達磨俱舍論》卷第二十一載：

> 謂俱能令心不寂靜。由此說食治用同故惛眠掉悔二合為一。諸煩惱
> 等皆有蓋義。何故如來唯說此五。唯此於五蘊能為勝障故。謂貪恚蓋能
> 障戒蘊。惛沈睡眠能障慧蘊。掉舉惡作能障定蘊。定慧無故於四諦疑。
> 疑故能令乃至解脫解脫智見皆不得起。故唯此五建立為蓋。〔註15〕

〔註13〕佛說為蓋。今次應辯。蓋相云何。頌曰。蓋五唯在欲。食治用同故雖二立一蓋。障蘊故唯五。論曰。佛於經中說蓋有五。一欲貪蓋。二瞋恚蓋。三惛眠蓋。四掉悔蓋。五疑蓋。（《大正新脩大藏經》第二十九冊 No.1558《阿毘達磨俱舍論》卷第二十一，頁0110c02（03）～0110c06（02）。）

〔註14〕又稱七等覺支，乃三十七道品中第六品之行法。覺，意謂菩提智慧；以七種法能助菩提智慧開展，故稱覺支。七者：即（一）念覺支，心中明白，常念於禪定與智慧；（二）擇法覺支，依智慧能選擇真法，捨棄虛偽法；（三）精進覺支，精勵於正法而不懈；（四）喜覺支，得正法而喜悅；（五）輕安覺支，又作猗覺支，指身心輕快安穩；（六）定覺支，入禪定而心不散亂；（七）捨覺支，心無偏頗，不執著而保持平衡。（《大正新脩大藏經》第二十九冊 No.1558《阿毘達磨俱舍論》卷第二十五，頁0132b14（16）～0132b19（08）。）

〔註15〕《大正新脩大藏經》第二十九冊 No.1558《阿毘達磨俱舍論》卷第二十一，頁0110c23（01）～0110c29（01）。

修行者依五停心觀建立了基礎後，觀慧逐步提升，進而修習上述之四念住法，此法分二個階段，即別相念住和總想念住，前三者身、受、心住、各別修觀；後法一者四個同時觀，五停心、別相念、總相念三者是趣入解脫之資糧位，故名「順解脫分」或名三賢位。有關別、總相念住，詳析如下：

（1）別相念住，此位個別觀身、受、心、法，以對治淨、樂、常、我之顛倒妄見，行者以能觀之智力，觀身不淨、觀受是苦、觀心無常、觀法無我。所謂自相別觀者，即觀身之自性（大種、造色、五根、五境）治淨顛倒；觀受之自性（受者領納順違俱非境相為性，起愛為業。）治樂顛倒；觀心之自性（六識心王、集起名心）治常顛倒；觀法之自性（除身、受、心所餘之法。）治我顛倒。頌曰：

依已修成止，為觀修念住，以自相共相，觀身受心法。〔註16〕

這頌說是結前生後，行者修五停心觀，伏貪得定，繼而修四念住，蓋念住以慧為體，使念安住，而修觀慧。

自相別觀者，觀身、受、心、法之共相，各為非常、苦、空、無我，如觀身，此身與其它有為法無異，同為無常、苦、空、無我。餘受、心、法三者相同。自相觀及共相別觀者，又分雜緣與不雜緣，身、受、心前三念住屬於不雜緣；後者之法念住通雜緣、不雜緣。若行者單觀於法為不雜緣，如於法中多觀一種為雜緣，或二二合緣，或三三合緣，或四合緣，表列如下〔註17〕：

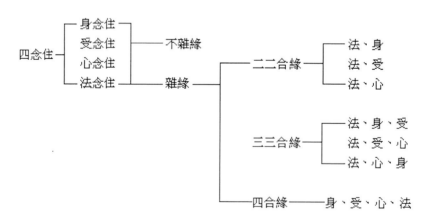

故《俱舍論》二十三卷一載：

〔註16〕《大正新脩大藏經》第二十九冊，No.1558，《阿毘達磨俱舍論》卷第二十三，頁 0118c16～0118c17。

〔註17〕參見齊藤唯信著、慧圓居士譯：《俱舍論頌略釋》。高雄：諦聽文化事業有限公司，1997，頁 411。

依已修成滿勝奢摩他，爲毗缽舍那修四念住。如何修習四念住耶？謂以自共相觀身受心法。身、受、心、法各別自性，名爲自相。一切有爲皆非常性，一切有漏皆是苦性，及一切法空非我性，名爲共相。身自性者，大種造色。受、心自性，如自名顯。法自性者：除三餘法。傳說：在定以極微刹那，各別觀身，名身念住滿。餘三滿相，如應當知。何等名爲四念住體？此四念住體各有三，自性、相雜、所緣別故。自性念住，以慧爲體；此慧有三種，謂聞等所成，即此亦名三種念住。相雜念住，以慧所餘俱有爲體。所緣念住，以慧所緣諸法爲體，寧知自性是慧非餘。經說：於身住循身觀，名身念住；餘三亦然。諸循觀名，唯自慧體；非慧無有循觀用故。何緣於慧立念住名？毗婆沙師說：此品念增故，是念力持慧得轉義。如斧破木，由楔力持。理實應言慧令念住，是故於慧立念住名。隨慧所觀，能明記故，由此無滅，作如是言：若有能於身住循身觀，緣身念得住，乃至廣說。世尊亦說：若有於身住循身觀者，念便住不謬。然有經言：此四念住由何故集？由何故滅？食觸名色作意集故，如次令身、受、心、法集。食觸、名色作意滅故，如次令身受心法滅。應知彼說所緣念住，以念於彼得安住故。又念住別名隨所緣，緣自他俱相續異故。一一念住，各有三種。此四念住，說次隨生。生復何緣，次第如是？隨境麤者，應先觀故。或諸欲貪，於身處轉。故四念住，觀身在初。然貪於身，由欣樂受。欣樂於受，由心不調。心之不調，由惑未斷。故觀受等如是次第。此四念住，如次治彼淨樂常我四種顛倒。故唯有四，不增不減。四中三種，唯不雜緣。第四所緣，通雜不雜。若唯觀法，名不雜緣。若於身等，二三或四。總而觀察，名爲雜緣。〔註18〕

要之，別相念住，觀智尚未上達，不能總緣身、受、心、法之四法。故先修不雜緣之自相觀，別觀四法，或修共相觀，觀四法各爲非常、苦、空、無我，待功力加深，觀智增長，漸修二二合緣、三三合緣等，方易成就。

（2）共相觀者，從別相念住觀慧有成，進而修習共相念住。別相念住之修法，雖有二二合緣、或三三合緣，或四合緣等，然非直緣四法。頌曰：

〔註18〕《大正新脩大藏經》第二十九冊　No.1558《阿毘達磨俱舍論》卷第二十三，頁 0118c20（00）～0119a26（00）。

> 依已修成止。爲觀修念住。以自相共相。觀身受心法。自性聞
> 等慧。餘相雜所緣。說次第隨生。治倒故唯四。〔註19〕

修行者，今則觀智增長，故直觀身、受、心、法之四相，以觀、無常、苦、空、無我。此法總觀一切有爲法，生滅遷流，皆非常性；總觀一切有漏法，無一不是苦；總觀一切法「此生故彼生，此有故彼有」，緣起無自性，總觀五蘊、十二處、十八界等，無有一法是有我性；總觀一切法，修無常、苦、空、無我四行相，名爲總相念住。總、別之相觀，何以名爲念住？《俱舍論》卷二十三曰：

> 何緣於慧立念住名。毘婆沙師說。此品念增故。是念力持慧得
> 轉義。如斧破木由楔力持。理實應言慧令念住。是故於慧立念住名。
> 隨慧所觀能明記故。由此無滅作如是言。若有能於身住循身觀。緣
> 身念得住乃至廣說。世尊亦說。若有於身住循身觀者念便住不謬。
> 〔註20〕

由此可知，是依慧而立念住，以能觀之智力，使念心所，明記了別於慧之境。

以上所說的五停心觀別相念住、總相念住合稱爲三賢位。以下所說的四善根：煖、頂、忍、世第一法善根，又稱爲四加行、四方便位。三賢位加四善根名爲七方便位，意爲七種方法通向聖者的方便。

第三節　四善根

四善根，又名四加行位，是指（一）煖法、（二）頂法、（三）忍法、（四）世第一法。善，意指無漏智，根指煖等四根，故此，四善根是引發無漏智之根本。資糧位偏於修福，而加行位則偏於修慧。四善根所修是四諦觀法。行者依教法或自讀誦三藏經典，具足修道之根性，安於生活上之四聖種，即少欲知足，身心遠離，從不淨及持息，令心得定。然後，依止起觀，先修四念住之別相念住，熟練後再修總相念住，從而引發四抉擇分——煖、頂、忍、世第一法。行者於煖位時，初習觀諦，修四諦十六行相。十六行相是：苦諦，即苦、非常、空、非我；集諦，即因、集、生、緣；滅諦，即滅、靜、妙、

〔註19〕《大正新脩大藏經》第二十九冊 No.1558《阿毘達磨俱舍論》卷第二十三，頁 0118c15（00）～0118c19（00）。
〔註20〕《大正新脩大藏經》第二十九冊 No.1558《阿毘達磨俱舍論》卷第二十三，頁 0119a06（02）～0119a12（10）。

離；道諦，即道、如、行、出。四諦共有十六行相，漸次修習，到世第一法時，即趣入見道。依次煖位觀察四聖諦，如見道中漸次觀諦。先別觀欲界苦，後觀色、無色界苦，集滅道亦同。如是觀察四聖諦時，猶如隔絹觀諸色像，依此修習聞所成慧方得圓滿，依此發生思所成慧，修圓滿已，次復發生修所成慧，即名為煖。煖次生頂；頂次生忍；忍次生於世第一法；世第一法生見道；見道次生修道；修道次生無學道。如是次第善根滿足。如頌曰：

> 煖必至涅槃。頂終不斷善。忍不墮惡趣。第一入離生。世第一
> 無間。即緣欲界苦。生無漏法忍。忍次生法智。次緣餘界苦。生類
> 忍類智。緣集滅道諦。各生四亦然。如是十六心。名聖諦現觀。此
> 總有三種。謂見緣事別。〔註21〕

由此觀之，小乘行者之煖、頂、忍、世第一法，先修五停心觀及四念住，繼而修四諦觀，引發無漏智火，心顯光明，猶如鑽木取火，火種將冒，先有煙起，名為煖位，進而智慧增長，達於高峰，猶如火燄將出，是名頂位，再進而明四諦理，心生堅定，猶如火種已燃，名為忍位；更進而達到有漏智之極點，猶如柴火熾盛，最為殊勝，名世第一法。是故，聖道之十六心，行者先觀欲界之苦，生苦法智忍、苦法智，後觀色、無色界苦，生苦類智忍、苦類智〔註22〕，依次第觀，如實證見，方可得道。茲將煖、頂、忍、世第一法，陳述如下：

（一）煖位，又名煖法，以光明為喻，有暖性故，能燒毀煩惱，引發無漏智生，又能生有漏之善根。行者於此位須觀欲界、色界、無色界之四諦十六行相，引發有漏之觀慧。到此位者，或暫失正心，斷善根而造惡業，因而墜入惡趣，最後終能得證聖道，入於涅槃。此位能具觀十六行相，以能觀之智力，作四諦之觀解：（1）向苦諦起非常、苦、空、無我之觀，行者觀三界之果報及一切世間之法，於有情身心，以逼迫惱害為性，苦不堪言。又此法無一是真實、永恒，故我所有者，皆為空也。再者，五蘊世間，待緣而生，緣散則滅，何者有常。既然此法無常住之性，亦無獨一或主宰，故曰非我。（2）向集諦起因、集、生、緣之觀，從迷之因，而惑造業，又業能生果，猶如種子所生之芽等，故曰為因。又此惑業積果而生現行，故曰為集。復使苦果

〔註21〕《大正新脩大藏經》第二十九冊　No.1558《阿毘達磨俱舍論》卷第二十三，
　　　　頁 0120b22（04）～0121a28（00）。
〔註22〕《大正新脩大藏經》第二十九冊　No.1558《阿毘達磨俱舍論》卷第二十三，
　　　　頁 0121b16（06）～0121c08（01）。

相續不斷，故曰爲生。復又爲助緣，成辦苦果，故曰爲緣。（3）向滅諦起滅、靜、妙、離之觀，涅槃能斷絕五蘊，故名爲滅，止息貪、瞋、痴三毒，故名爲靜，無一切之過患，故名爲妙，能解脫諸煩惱及一切災難，故名爲離。（4）向道諦起道、如、行、出之觀，聖者了悟無漏善法，故曰道也，依理實踐，故曰如也，能證涅槃之果，故曰行也，超生脫死，故曰出世，如是四諦，作如是觀，稱爲十六行相。四諦十六行相之關連，列表於下〔註23〕：

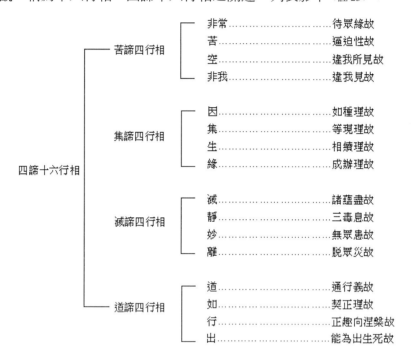

四諦十六行相
- 苦諦四行相
  - 非常 …… 待眾緣故
  - 苦 …… 逼迫性故
  - 空 …… 違我所見故
  - 非我 …… 違我見故
- 集諦四行相
  - 因 …… 如種理故
  - 集 …… 等現理故
  - 生 …… 相續理故
  - 緣 …… 成辦理故
- 滅諦四行相
  - 滅 …… 諸蘊盡故
  - 靜 …… 三毒息故
  - 妙 …… 無眾患故
  - 離 …… 脫眾災故
- 道諦四行相
  - 道 …… 通行義故
  - 如 …… 契正理故
  - 行 …… 正趣向涅槃故
  - 出 …… 能為出生死故

　　（二）頂位，又名頂法，前煖善根之行者，由下而中，再由中而上，漸次增長，至極滿之時，更殊勝之善根彰顯，故曰爲頂。煖法與頂法又稱動善根，仍會起惑造業，墜入惡趣，以其善根向不穩固。蓋頂善根於動善根中，稱爲最勝，猶如人之身體，以頭頂爲高，故名爲頂。《俱舍論》曰：

　　　　此煖善根下中上品漸次增長至成滿時有善根生。名爲頂法。此
　　轉勝故更立異名。動善根中此法最勝如人頂故名爲頂法。或由此是
　　進退兩際如山頂故。說名爲頂。〔註24〕

〔註23〕參見齊藤唯信著、慧圓居士譯：《俱舍論頌略釋》。高雄：諦聽文化事業有限公司，1997，頁415～416。

〔註24〕《大正新脩大藏經》第二十九冊 No.1558《阿毘達磨俱舍論》，頁 0119b21（17）～0119b23（01）。

此位與前煖法相同，須具觀四諦十六行相，方可成就，然得此境界者，不斷善根，蓋其功德，亦超於前。論云：

> 惡業道中唯有上品圓滿邪見能斷善根。若爾何緣本論中說云何上品諸不善根。謂諸不善根能斷善根者。或離欲位最初所除。由不善根能引邪見。故邪見事推在彼根。如火燒村火由賊起故世間說彼賊燒村。〔註25〕

又正理亦云：

> 斷善根者何？論十七曰：「惡道業中，唯有上品圓滿邪見，能斷善根。……緣何邪見，能斷善根？謂定撥無因果邪見。撥無因者，謂定撥無妙行惡行；撥無果者，謂定撥無彼果異熟。……」〔註26〕

（三）忍位，又名忍法，行者至此，心不退墮，也不動搖，生不動之善根，不落惡趣。此位分為三品：（1）下忍位，修四諦十六行相，合修三十二行相。（2）中忍位，漸次省略所緣及行相（減緣減行），僅留欲界苦諦之一行相，依修觀者之根機利鈍，僅餘四行相中其中一行相。（3）上忍位，行者一剎那間觀中忍位之同一行相，至上忍位時，得五種不生，即：1. 生不生，謂不生於卵生、濕生。2. 處不生，謂不生於無想天〔註27〕、大梵天處〔註28〕、北俱盧洲〔註29〕。3. 身不生，謂不生於扇搋〔註30〕、半擇迦〔註31〕、二形〔註32〕。4. 有不生，謂不生欲界第八有及色界第二生。5. 惑不生，謂不生見惑。

〔註25〕《大正新脩大藏經》第二十九冊　No.1558《阿毘達磨俱舍論》，頁 0088c23（15）～0088c26（00）。

〔註26〕《大正新脩大藏經》第二十九冊　No.1562《阿毘達磨順正理論》，頁 0580c11（15）～0581a03（02）。

〔註27〕色界天之一，又作無想有情天、無想眾生天、少廣天、福德天。即修無想定所感之異熟果報。生此天者，念想滅盡，僅存色身及不相應行蘊，故稱無想天。

〔註28〕大梵天處：位於色界初禪天之第三天。此處即是靜慮中間，彼師所以不立無想天者，壽量地等與廣果天無差別故。（《大正新脩大藏經》第四十一冊No.1821《俱舍論記》，頁 0149a08（01）～0149a10（08）。）

〔註29〕北俱盧洲：形如方座。四邊量等。面各二千。等言為明無少增減。隨其洲相人面亦然。（《大正新脩大藏經》第二十九冊　No.1558《阿毘達磨俱舍論》卷第十一，頁 0058a07（03）～0058a08（03）。）

〔註30〕意譯作黃門，指男子無生殖器者，有先天（本性扇搋）與後天（損壞扇搋）二種。

〔註31〕又作半釋迦，指不具男根或男根不完整者。

〔註32〕二形：指男子性器（男根）與女子性器（女根）。此處則指兼具男女性器，生理異常者。

若加下忍位之趣不生（不再生於惡趣），則爲六種不生。

有關三十二行相之減緣減行，略述如下：

觀第一周，從第一至第三十一，減去第三十二，即上界道諦下出之一行相（減行）。觀第二周，從第一至第三十，減去第三十一，即上界道諦下行之一行相（減行）。觀第三周，從第一至第二十九，減去第三十，即上界道諦下如之一行相（減行）。觀第四周，從第一至第二十八減去第二十九，即上界道諦下道之一行相。（不全緣上界道諦，故名減緣；然減緣之時，亦並減行，唯減緣攝，不名減行。）如此第五、第六等，每觀一周，從下逆次減一行相，直至第三十一周時，稱一行二刹那；以二刹那之心，唯觀留欲界苦諦下之一行相。餘之三十一行相，悉已減去。所謂七周減緣，二十四周減行，即三十一周中，每四周減去三行相，及一緣〔註33〕。表示如下〔註34〕：

減緣減行																
	欲界苦諦	非常	一	觀留	欲界集諦	因	九	減緣	欲界滅諦	滅	十七	減緣	欲界道諦	道	廿五	減緣
		苦	二	減行		集	十	減行		靜	十八	減行		如	廿六	減行
		空	三	減行		生	十一	減行		妙	十九	減行		行	廿七	減行
		非我	四	減行		緣	十二	減行		離	廿	減行		出	廿八	減行
	上界苦諦	非常	五	減緣	上界集諦	因	十三	減緣	上界滅諦	滅	廿一	減緣	上界道諦	道	廿九	減緣
		苦	六	減行		集	十四	減行		靜	廿二	減行		如	三十	減行
		空	七	減行		生	十五	減行		妙	廿三	減行		行	三十一	減行
		非我	八	減行		緣	十六	減行		離	廿四	減行		出	三十二	減行

如是者，行者修觀，七周減緣，二十四周減行，使其智力，有所增遞。

（四）世第一位，又名世第一法，爲有漏世間法中能生最上善根之位，此位與忍位相同，須觀欲界苦諦下之一行相，於次一刹那入見道位而爲聖者。此位所發之善根，雖是世間有漏法，亦爲世間最爲殊勝，故說爲第一。《俱舍論》卷二十三載：

〔註33〕忍如何減行減緣　解云行相有三十二。所緣有八諦。謂欲苦上苦。欲集上集。欲滅上滅。欲道上道。各有四行。如其次第從後向前減行減緣。第一周以四行相觀欲界苦。如是乃至以四行相觀欲界道。後以三行觀上界道。減上界道下一行相。第二周以二行觀上界道諦復減一行。第三周以一行觀上界道諦復減一行。第四周以四行相觀欲道諦不觀上道名曰減緣。減緣之時亦雖減行。減緣攝故不名減行。如上道諦餘七諦亦爾。唯於緣中不除欲苦‧及與一行。總而言之。上‧下八諦。諦減三行。三八二十四周減行。七周減緣。唯留欲苦‧及與一行。（《大正新脩大藏經》第四十一冊 No.1821《俱舍論記》卷第二十三，頁0345b10（04）～0345b22（06）。）

〔註34〕參見齊藤唯信著、慧圓居士譯：《俱舍論頌略釋》。高雄：諦聽文化事業有限公司，1997，頁420。

　　此有漏故名爲世間。是最勝故名爲第一。此有漏法世間中勝。

　　是故名爲世第一法。有士用力離同類因引聖道生。故名最勝。〔註35〕

以上所說之煖、頂、忍、世第一法四善根，以能生見道無漏善爲其根本，故稱善根，以修慧爲體。故頌說：

　　從此生煖位，具觀四聖諦，修十六行相，次生頂亦然。如是二善根，皆初法後四，次忍唯法念，下中品同頂。上唯觀欲苦，一行一刹那，世第一亦然，皆慧五除得。〔註36〕

上述之三賢（五停心觀、別相念住、總相念住。）、四善根（煖位、頂位、忍位、世第一法。）前者名順解脫分，解脫者，涅槃也，分者因也，即此五停心觀等能順解脫而爲其因。後者，名順抉擇分，抉即決斷，擇者簡擇，分即一分，名爲聖道，謂聖道者有見道、修道、無學道三種，見道爲其一分，故名抉擇分。此三賢、四善根爲引抉擇分之緣，順益於彼，故名順抉擇分；順解脫分、抉擇分二者又名七方便位，作爲行者修道時作爲資益身心之糧食，故名資糧位。

第四節　四向四果

　　行者於上述三賢、四善根，在世第一法觀四諦十六行相便入見道位。行者在見道位生起之無漏智有二種，一名法智，一名類智。法智又名忍，觀欲界四諦法，信認四諦之智慧，有斷惑之作用；類智又名智，能證四諦之智慧，有證理之作用；忍爲無間道，正在斷煩惱時，故名無間；智爲解脫道，指已滅煩惱而證眞理之階位，蓋四諦各有法智及類智，合共十六心，故《俱舍論》卷二十三曰：

　　何緣必有如是忍智前後次第間雜而起。頌曰。忍智如次第。無間解脫道。論曰。十六心中忍是無間道。約斷惑得無能隔礙故。智是解脫道。已解脫惑得與離繫得俱時起故。具二次第理定應然。〔註37〕

〔註35〕《大正新脩大藏經》第二十九冊　No.1558《阿毘達磨俱舍論》卷第二十三，頁0119c14（10）～0119c17（00）。

〔註36〕《大正新脩大藏經》第二十九冊　No.1558《阿毘達磨俱舍論》卷第二十三，頁0119b05（00）～0119b09（00）。

〔註37〕《大正新脩大藏經》第二十九冊　No.1558《阿毘達磨俱舍論》卷第二十三，頁0122a12（07）～0122a16（07）。

又《順正理論》亦云：

> 十六心中四法類忍名無間道。四法類智名解脫道。名如前說。
> 能忍可先來未見欲苦。初念無漏慧名苦法忍。以契經中世尊自說。
> 若於此法以下劣慧。或增上慧審察忍可。名隨信行隨法行故。應知
> 此忍即無間道。何處說此無間道名。經說一法難可通達。名為無間
> 心等持故。又世尊說。有苦法智有苦類智。乃至廣說。非此二智同
> 緣三界苦等境起。如先已辯。故於苦法忍所見欲苦中。決斷解生名
> 苦法智。前忍能斷十煩惱得。後智能與彼離繫得俱生。經說智生隨
> 於前忍。故知後智名解脫道。從此無間忍色無色。未曾見苦第三剎
> 那。無漏慧生名苦類忍。是見欲苦忍種類故。次於苦類忍所觀上苦
> 中。決斷解生名苦類智。忍智如次斷煩惱得名無間道。離繫得俱名
> 解脫道。准前應說。〔註38〕

此謂凡斷一惑，必有此無間、解脫二道；正在斷惑之位，曰無間道；已斷惑
之位，曰解脫道。

行者於見道位漸次修習至十五心時，已成功斷除八十八使之見惑，到第
十六心修道位時，亦能漸次修習斷除八十一品之修惑，從見道至無學道共分
為四向四果八個階段。所謂四向四果，即預流向、預流果、一來向、一來果、
不還向、不還果、阿羅漢向、阿羅漢果，詳析如下：

（一）預流向果

由世第一法位，行者生起無漏真智，燒毀三界之見惑及修惑，觀上
下八諦，起無間、解脫之忍智，乃至斷盡三界之見惑，即名預流果。此
分因、果二位，因名向，果名果，一如前表所述，聖諦觀之前十五心，
名預流向，十六心則名預流果，前為因道，後為果道。要之，行者於世
法積功累德，智力雖進，唯屬有漏，故觀四諦真理，起八忍八智之無漏
十六心，諦理既明，能斷見惑，於斷惑其間，名為向位，斷盡見惑，即
名果位。《俱舍論》曰：

> 頌曰。前十五見道。見未曾見故。論曰。苦法智忍為初。道類
> 智忍為後。其中總有十五剎那。皆見道所攝。見未見諦故。至第十

〔註38〕《大正新脩大藏經》第二十九冊 No.1562《阿毘達磨順正理論》卷第六十三，
頁 0689c14（00）～0689c29（00）。

　　六道類智時。無一諦理未見今見。如習曾見。故修道攝。〔註39〕

又曰：

　　　　謂彼二聖若於先時未以世道斷修斷惑名為具縛。或先已斷欲界
　　一品乃至五品至此位中名初果向。趣初果故。言初果者。謂預流果。
　　此於一切沙門果中必初得故。〔註40〕

（二）一來向果

　　行者於預流果位斷盡三界之見惑，再續斷餘三界之修惑，故進而有一來
等之向果。欲界之修惑依貪、瞋、癡、慢之根本煩惱而生，行者欲趣向一來
果，必須具足三緣：（1）由斷惑，行者於此位再斷修惑三至四品，受三二生
之生死；（2）由成根，所得初果後，起無漏根，斷欲界三四品惑；（3）三二
生家家，預流聖者，進而欲斷欲界修惑三品，便有三生的生死；或斷四品惑，
受二生的生死者。此品類區分為九品（上上品、上中品、上下品、中上品、
中中品、中下品、下上品、中下品、下下品），其能斷之道亦分九品（即，
下下品之道，斷上上品之惑，乃至以上上品之道，斷下下品之惑。）九品中，
尚留三品之惑，依惑之力，必往來於欲界之人、天。若斷前五品者，必趣向
一來果之因道，名一來向。一來向聖者，指已斷三品或四品之惑時，名家家
聖者。所謂家家是指從人間生天上，或從天上生人間者也。然欲界九品之惑，
稱七潤生，蓋九品惑，能滋潤七番生死，上品惑能潤二生，上中、上下及中
上，此三品惑各潤一生，中中、中下，合受一生，故名九惑共潤七番生死。
若行者斷前三品餘六品之惑，須三度受欲界之生，名三生家家；若斷前四品
餘後五品，須二度受生欲界之生，名二生家家。家家者者又分為二種：一者
天家家，又稱天三人二，此類行者，指已證預流果，斷上三品之惑，於人間
壽終而生天上（天一），復又天命盡時，生於人間（人一），次再壽盡人間，
再生天上（天二），復天去盡時，再生人間（人二），至後又歿人間而生天上
（天三），此時於天上斷盡一切煩惱，證阿羅漢果。人家家者，依理而推，
准此可知。問曰：何故斷欲界修惑之一、二、五品不稱家家？蓋初果聖者，

〔註39〕《大正新脩大藏經》第二十九冊　No.1558《阿毘達磨俱舍論》卷第二十三，
　　　　頁 0122a23（00）～0122a28（00）。
〔註40〕《大正新脩大藏經》第二十九冊　No.1558《阿毘達磨俱舍論》卷第二十三，
　　　　頁 0122b24（17）～0122b26（00）。

起大加行，故斷欲界修惑之一、二品，中間無死生，而斷第五品，必斷第六品而證阿羅漢果，亦無生死，故不立家家之名。

茲將九品之潤生，家家之不同，表列如下〔註41〕：

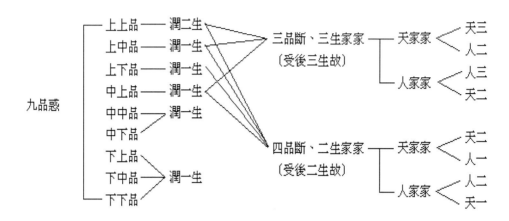

（三）不還向果

行者證得一來果後，說明已斷修惑前六品，繼而斷欲界修惑之七、八品，趣向不還向位，再斷第九品，名不還果。故斷七、八品欲界修惑為趣向不還果之因，而斷盡欲界九品修惑方可證此果。此果又分七種之別，即，（1）中般、（2）生般、（3）有行般、（4）無行般、（5）上流、（6）行無色、（7）現般。有關七種不還果之投生、斷惑及證果情形，表列如下〔註42〕：

表：七種不還果

（1）中般	中般者：不還之聖者，歿欲界而往色界。於中有之位，能起聖道，斷盡上二界之修惑，成阿羅漢而入無餘涅槃者。
（2）生般	生般者：不還之聖者，歿欲界而生色界。生已不久，能起聖道，斷盡餘殘之修惑；成阿羅漢後，命終方入無餘涅槃者。
（3）有行般	有行般者：不還之聖者，生色界已，長時加行勤修，由多功用，方般涅槃（有餘涅槃）者。

〔註41〕 參見齊藤唯信著、慧圓居士譯：《俱舍論頌略釋》。高雄：諦聽文化事業有限公司，1997，頁430。

〔註42〕 《大正新脩大藏經》第二十九冊 No.1558《阿毘達磨俱舍論》卷第八，頁0045a06（05）～0045a11（00）。

（4）無行般	無行般者：不還之聖者，生色界已，久不加行等之修，行任運而般涅槃（有餘涅槃）者。
（5）上流般	上流者：上行之義。生於色界不還之聖者，更轉生較上之天處；於其轉生之處，而般涅槃者。此有二類：（一）樂慧，（二）、樂定。樂慧之上流：樂智慧之高妙，不樂禪定之殊勝，故唯受生於色界。（以色界智慧勝故。）此有三種：（1）、全超，（2）、半超，（3）、遍歿。次樂定之上流：樂禪定之聖者，不受生於五淨居天。色界十六天中，（經部十七天，加大梵天一處。）經初之十一天，直生無色界，遂能生有頂天者。
（6）行無色般	行無色者：不還之聖者，歿於欲界，不生色界；超生無色界，而般涅槃者。然此與上流般之中樂定之聖者不同；彼生色界而更生無色界故，此歿欲界直生無色界故。此有四類：曰生般、有行般、無行般、上流是。但無中般，以無色界無中有故。
（7）現般	現般者：不還之聖者，不生色、無色界，唯位欲界。以欲界之現身，斷盡三界修惑，而般涅槃者。

上述七種不還通約欲、色、無色三界而立；即初五種於色界般涅槃，第六於無色界般涅槃，第七於欲界般涅槃是也。

（四）阿羅漢向果

不還果之聖者，既斷欲界九品之修惑，更進一步便要根除色界及無色界之九品修惑，方能證阿羅漢果。行者須於色界初靜慮始斷第一品惑，乃至無色界第八解脫位，名阿羅漢向，再入第九解脫位，則名阿羅漢果。從第九無間道時，此名爲金剛喻定，能斷除一切隨眠，故此定斷惑功能最爲殊勝，論說：

> 第九無間道。名金剛喻定。盡得俱盡智。成無學應果。論曰。即不還者進斷色界及無色界修所斷惑。從斷初定一品爲初。至斷有頂八品爲後。應知轉名阿羅漢向。即此所說阿羅漢向中斷有頂惑第九無間道亦説名爲金剛喻定。〔註43〕

茲把色、無色界之修惑與阿羅漢向、果之關係，表列如下〔註44〕：

〔註43〕《大正新脩大藏經》第二十九冊　No.1558《阿毘達磨俱舍論》卷第二十四，頁0126b20（00）～0126b26（23）。

〔註44〕參見楊白衣：〈俱舍要義〉，《俱舍論研究》（上冊），收入張曼濤主編：《現代

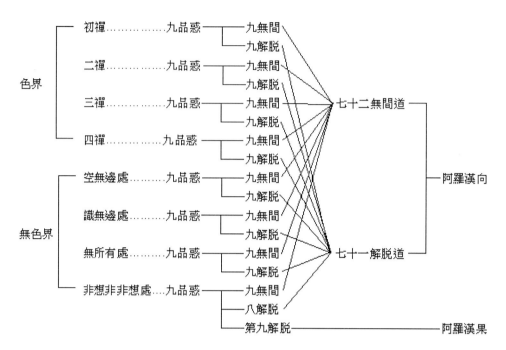

以上的四向四果中於前四向三果，蓋未曾盡斷一切煩惱，仍須努力學習，故名有學；而證得阿羅漢果之行者，蓋其煩惱，應斷已斷，不受後有，故名無學。故頌曰：

> 斷欲三四品。三二生家家。斷至五二向。斷六一來果。〔註45〕……
> 斷七或八品。一生名一間。此即第三向。斷九不還果。〔註46〕……
> 上界修惑中。斷初定一品。至有頂八品。皆阿羅漢向。第九無間道。
> 名金剛喻定。盡得俱盡智。成無學應果。論曰。即不還者進斷色界
> 及無色界修所斷惑。從斷初定一品為初。至斷有頂八品為後。應知
> 轉名阿羅漢向。〔註47〕

茲將四向四果與三道二位，列表於下〔註48〕：

　　佛教學術叢刊》（第 22 冊）。台北：大乘文化出版社，1978，頁 239。

〔註45〕《大正新脩大藏經》第二十九冊 No.1558《阿毘達磨俱舍論》卷第二十四，頁 0123c23（00）～0123c24（00）。

〔註46〕《大正新脩大藏經》第二十九冊 No.1558《阿毘達磨俱舍論》卷第二十四，頁 0124a15（00）～0124a16（00）。

〔註47〕《大正新脩大藏經》第二十九冊 No.1558《阿毘達磨俱舍論》卷第二十四，頁 0126b18（00）～0126b24（07）。

〔註48〕參見楊白衣：〈俱舍要義〉，《俱舍論研究》（上冊），收入張曼濤主編《現代佛教學術叢刊》（第 22 冊）。台北：大乘文化出版社，1978，頁 242。

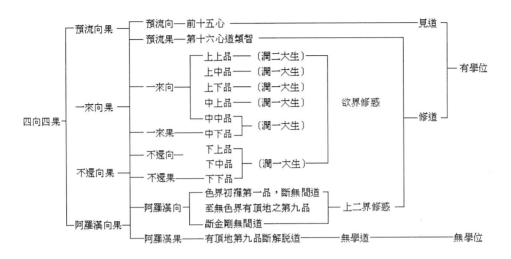

聖者達至阿羅漢位時，再來便是入涅槃，蓋無學果之行者分爲鈍、利二種根性，於此又開爲六種阿羅漢，即（1）退法、（2）思法、（3）護法、（4）安住法、（5）堪達法、（6）不動法。然此六種中，部份亦不能於證果後涅槃，茲將六種阿羅漢分述如下：

（1）退法阿羅漢，指一但證得阿羅漢，偶遇逆緣，忽起修惑，退失所得之果，而降至不還果、一來果或預流果，爲最劣之種姓。

（2）護法阿羅漢，指所得之阿羅漢者，心生愛樂，自能防護，不令退墮。

（3）思法阿羅漢，恐其所證之阿羅漢果有所退失，恒思自害，以畢其命，入無餘涅槃者。

（4）安住法阿羅漢，安住所得之果，若非遇強烈之逆緣，不會退墮；若非有特別之勝緣，亦不加行，不進不退，安住其位。

（5）堪達法阿羅漢，指彼性堪忍力強，善於修行練根，自我增值，速達不動之阿羅漢。

（6）不動法阿羅漢，指不被煩惱所亂，無懼外來逆緣，一但證果，彼必無退，爲最利根性者。然不動法阿羅漢又分爲二：其不動種性由修煉而得者，稱爲不動法；本來生就不動種性者，稱爲不退法。此兩者合上記之退法、思法、護法、安住法、堪達法等五種阿羅漢，爲七種阿羅漢，若加上慧解脫、俱解法，即稱九無學。〔註49〕

〔註49〕《大正新脩大藏經》第二十九冊 No.1558《阿毘達磨俱舍論》卷第二十五，頁 0129a25（14）～0129c19（01）。

此六種阿羅漢中，第一、三種二闕恒時加行，由根有異，故有差別。第二種，恒時加行，第四種唯有尊重加行，第五具備尊重及加行，唯是鈍根，第六種屬利根，具二加行。然退法種性，非必定退，乃至堪達，但約容有，建立此名。又六種姓中，前五種名時愛心解脫，以恒時愛護及心解脫，或名時解脫，蓋其要待時方能入定及解脫。所謂時解脫者：（一）得好食時，（二）得好衣時，（三）得好臥具時，（四）得好處所時，（五）得好說法時，（六）得好同學時，故前五種之阿羅漢，名鈍根者，非待此等好緣，不能證此妙果；後一種之阿羅漢，毋須待之好緣，無論在何處、何時、何地等，皆能斷見、修二惑，不為生活上之物質煩惱所擾，以利根故，名不時解脫。

以上六種羅漢，有分為退、不退者；初之一，有退果而無退性；次思法等四，有退性、退果；後之一，無退性、退果也。此中，思法等四，為退性、退果，由堪達法退，而至安住法、護法等，名為退性；由阿羅漢果退，而至不還、一來等，名為退果。若先在有學位，住思等之四性，今至無學位，亦住思等之四性者，則無有退。蓋有學、無學二道之所成，極為堅固故。若單於無學，由退法等之性，進而成思等四種性者，則容有退；唯無學道之所成故。又就此退、不退，初果必不退，後三果容退。若夫小乘諸部，其見有異，有部謂預流果無退，後三果容有退者。經部謂預流、羅漢之二果無退，一來、不還之二果有退。上座部謂四果皆無退。論曰：

> 有是先種性。有後練根得。論曰。退法種性必是先有。思法等五亦有後得。謂有先來是思法性。有先退法性後練根成思。乃至不動隨應當說。言退法者。謂遇少緣便退所得。非思法等。言思法者。謂懼退失恒思自害。言護法者。謂於所得喜自防護。安住法者。離勝退緣雖不自防亦能不退。離勝加行亦不增進。堪達法者。彼性堪能好修練根速達不動。不動法者。彼必無退。〔註50〕

詳見下表〔註51〕：

〔註50〕《大正新脩大藏經》第二十九冊　No.1558《阿毘達磨俱舍論》卷第二十五，頁 0129b11（00）～0129b20（03）。

〔註51〕參見楊白衣：〈俱舍要義〉，《俱舍論研究》（上冊），收入張曼濤主編《現代佛教學術叢刊》（第 22 冊）。台北：大乘文化出版社，1978，頁 243。

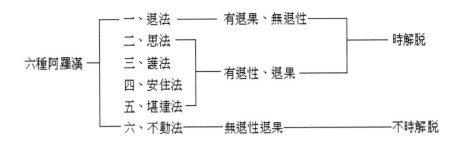

上述修道階位次第、按部就班，漸次證入，由凡夫至聖者，由初果至四果，由有學至無學，姑就次第證入之行者而爲安立，命爲四向四果，然亦有超越證者。此類行者，所證之果，不依次第，如斷六、七、八品而入見道者，成一來向，於第十六心時，成一來果；此名超越之一來，亦名倍離欲。若斷欲第九品及上七地（除有頂地）之六十三品而入見道者，成不還向，於第十六心時，成不還果；亦名全離欲也。誠然，小乘之聖果，不僅如此，在聲聞之外，以外觀十二因緣而悟道者，更有「獨覺」與「菩薩」乘；小乘之「獨覺」聖者，是指釋尊成道後，未開始弘揚佛法之階段。獨覺分爲二類，一爲部行獨覺，生於婆婆，多人相集觀十二因緣而開悟者，其性根利，無佛法能自通者；二爲麟喻獨覺，在佛或佛法不在世時，單獨冥想，觀落葉飛花而引起修觀，了悟十二因緣，其性更利，無師自通故。此二種類之獨覺，利根者，經四生，鈍根者，經百劫〔註52〕修行而悟證。〔註53〕

獨覺根性較利，不似聲聞，依四果四向，唯證一果——阿羅漢果，其斷惑初，亦以有漏智斷欲界之見修二惑，及加行位直入見道，以八忍、八智十六心斷上二界之見惑，入修道位於無間及解脫二道，各起七十二心，斷上二界之七十二品修惑，證無學果，這就是所謂獨覺之一百六十心一座成覺。

小乘「菩薩」則是指釋尊初轉法輪至傳道之階段，而此菩薩乘與大乘佛教所指之涵義不同。小乘之菩薩須經三祇百劫，方得佛果。即初三無數劫修菩提資糧，次百劫修相好行，生於皇宮而出家，以無漏智道斷下八地之惑，復於菩提樹下入見道，起八忍、八智十六心，斷有頂地之見惑，後次於九無

〔註52〕就四生而言，第一生修聲聞資糧，第二生修聲聞加行，第三生修緣覺資糧加行，第四生入聖得果。就百劫修行而言，第一個二十劫修聲聞資糧，第二個二十劫修聲聞加行，第三個二十劫修緣覺資糧，第四個二十劫修緣覺加行，第五個二十劫入聖得果。

〔註53〕《大正新脩大藏經》第二十九冊 No.1558《阿毘達磨俱舍論》卷第十二，頁0064a28（04）～0064b09（01）。

間、九解脫十八心，斷有頂地之修惑，共觀三十四心成正覺，名三十四心斷結成道。〔註54〕因此佛在三千大千世界中，不許有二佛的出世，這是小乘不同於大乘的特點。

第五節　涅槃境界

　　「俱舍宗」的終極理想，就是涅槃，此分為二：（1）有餘依涅槃、（2）無餘依涅槃。有餘涅槃者，指斷盡一切煩惱而絕未來生死之因之無學聖人，唯尚有宿業所感及今生之果報，故名有餘涅槃。無餘依涅槃者，滅盡身心，煩惱斷盡，灰身滅智之阿羅漢。論云：

> 謂欲界沒往於色界。生已不久能起聖道。斷餘煩惱成阿羅漢。便般涅槃。以具勤修速進二道。故生不久便般涅槃。生已簡異中般。具二道故簡異有行・無行。此生般中所說般涅槃者。謂有餘依。後壽命盡方入無餘。故約有餘以釋生般不據無餘。〔註55〕

又《大毘婆沙論》云：

> 云何有餘依涅槃界。答若阿羅漢。諸漏永盡。壽命猶存。大種造色。相續未斷。依五根身。心相續轉。有餘依故。諸結永盡。得獲觸證。名有餘依涅槃界。云何無餘依涅槃界。答即阿羅漢。諸漏永盡。壽命已滅。大種造色相續已斷。依五根身。心不復轉。無餘依故。諸結永盡。名無餘依涅槃界。〔註56〕

故依小乘所說，二者之異者，在於前者身體之五蘊仍在，習氣亦餘未斷；後者，既滅五蘊，習氣亦已斷盡。

　　誠然此解與《增一阿含經》亦有分別，其所言之有餘依涅槃，是指仍有色、無色界煩惱之不還果者；而無餘依涅槃則指已證得阿羅漢之聖者。《增一阿含經》云：

> 佛在舍衛國祇樹給孤獨園。爾時，世尊告諸比丘：「有此二法涅

〔註54〕《大正新脩大藏經》第二十九冊 No.1558《阿毘達磨俱舍論》卷第二十三，頁 0122b04（07）～0122b13（00）。

〔註55〕《大正新脩大藏經》第四十一冊 No.1821《俱舍論記》卷第二十四，頁 0360c20（06）～0360c24（01）。

〔註56〕《大正新脩大藏經》第二十六冊 No.1544《阿毘達磨發智論》卷第二，頁 0923b13（01）～0923b19（02）。

槃界。云何爲二？有餘涅槃界、無餘涅槃界。彼云何名爲有餘涅槃
界？於是，比丘滅五下分結，即彼般涅槃，不還來此世，是謂名爲
有餘涅槃界。彼云何名爲無餘涅槃界？於是，比丘盡有漏成無漏，
意解脫、智慧解脫，自身作證而自遊戲：生死已盡，梵行已立，更
不受有，如實知之，是謂爲無餘涅槃界。此二涅槃界，當求方便，
至無餘涅槃界。如是，諸比丘！當作是學。〔註57〕

學界在有餘依涅槃及無餘依涅槃雖有爭議，時至今日，以阿羅漢之壽命是否
尚存，作爲有餘依與無餘依之分野，顯然已被廣泛學者所接受。姑勿論那一
類涅槃，此等聖人，依小乘之說法已具備三明、六通及四無礙解等法。

　　三明是指，天眼明，宿命明，漏盡明。就是指天眼，宿命，漏盡三通，
在阿羅漢聖者身上，能夠徹底究竟，所以稱爲明。持戒修行方能成就三明。
六通是六種神通境界，包括神境通，天眼通，天耳通，他心通，宿命通，漏
盡通。漏盡通是一切阿羅漢所必有，但是其餘五種神通，要看修定的程度而
定。六通中的前五通，不一定是佛教修行者所專有，外道也有能夠得此五通。
但是三明是阿羅漢聖者所獨有。

　　四無礙解則是指：（1）法無礙，名句文能詮之教法名爲法，於教法無滯；
（2）義無礙，知教法所詮之義理而無滯；（3）辭無礙，於諸方言辭通達自在，
辯說無礙；（4）樂說無礙，以前三種之智爲眾生樂說自在，又契於正理起無
滯之言說。

〔註57〕《大正新脩大藏經》第二冊 No.125《增壹阿含經》卷第七，頁0579a14（00）
　　　　～0579a22（05）。

第八章　俱舍宗之「無我思想」及異說

　　佛說八萬四千法門，實無說一法門。蓋佛陀所說之一切法皆依因緣生滅作爲基礎，非有實我之異。佛陀所破之我，是計執五蘊之我，而非假我，若眾生執有離於五蘊以外者，而計執另有一實我，當爲所破。故無我思想不單是本宗一重要思想，更是整個佛教重要理論之一。本宗論主世親菩薩指出，執著離五蘊以外有實我者，必流轉三界，永不解脫。《俱舍論》卷二十九云：

　　　　非即於蘊相續假立執有眞實離蘊我故。由我執力諸煩惱生三有
　　輪迴無容解脫。〔註1〕

由於有情之生死輪迴，推其原委，由業而生，業由執我而起種種貪等煩惱，故破除我執，煩惱自滅。有關「俱舍宗」之無我思想多見附於《俱舍論》八品之後，有學者列爲第九品，有學者列爲附品，更有學者言此非俱舍本論，眾說紛紜。

第一節　世親破斥執我爲實諸說

　　世親的無我思想，就是要闡明無我是佛法的根本立場，佛教與外道之異，在於他能體會我之眞正意義。世親明確地指出要解脫必須遣除我及我所見。論云：

　　　　所以者何。虛妄我執所迷亂故。謂此法外諸所執我。非即於蘊

────────────────
〔註 1〕《大正新脩大藏經》第二十九冊　No.1558《阿毘達磨俱舍論》卷第二十九，
　　　　頁 0152b26（01）～0152b27（01）。

相續假立執有眞實離蘊我故。由我執力諸煩惱生三有輪迴無容解

脫。以何爲證。知諸我名唯召蘊相續非別目我體。〔註2〕

世親認爲，眾生因執我爲實，煩惱方生，由煩惱故，迷惑有情，造業生苦，
流轉輪迴，永無解脫生死及超出三界苦果之日。世親所持之理由是：眾生如
果執有離五蘊之我爲眞實我，此類眾生，根本不知道五蘊相續法上之我，名
假我，實無自體。故論云：

　　　如是名爲色根比量。於離蘊我二量都無。由此證知無眞我體。

〔註3〕

世親言，離蘊之我，現量和比量皆不能得，由此可知，實我非有。

破小乘犢子部

　　世親以法體之原則，說明五蘊和合之假我，不能執爲實我，否定離五蘊
外有一個實我實體。然犢子部卻以「非即非離蘊我」的主張，企圖解說實我
的存在。故世親在《阿毘達磨俱舍論》卷第二十九破說：

　　　然犢子部執有補特伽羅其體與蘊不一不異。此應思擇爲實爲
　　假。實有假有相別云何。別有事物是實有相。如色聲等。但有聚集
　　是假有相。如乳酪等。許實許假各有何失。體若是實應與蘊異。有
　　別性故。如別別蘊。又有實體必應有因。或應是無爲。便同外道見。
　　又應無用。徒執實有。體若是假便同我說。非我所立補特伽羅如仁
　　所徵實有假有。但可依内現在世攝有執受諸蘊立補特伽羅。〔註4〕

又《俱舍論頌疏》曰：

　　　然犢子部執。有補特伽羅。其體與五蘊。不一不異。解云。彼
　　計眞我。名補特伽羅。此云數取趣。蘊刹那滅。於轉無能。但由於
　　我。能捨此蘊。能續餘蘊。數取諸趣。故執實我無。名補特伽羅。
　　計我與蘊。不一不異。非斷非常。若言蘊一。蘊滅我滅。便成斷見。
　　若言蘊異。蘊滅我在。是則常見計。皆墮其邊。故知此我。與五蘊

〔註2〕　《大正新脩大藏經》第二十九冊 No.1558《阿毘達磨俱舍論》卷第二十九，
　　　　頁 0152b24（00）～0152b29（12）。

〔註3〕　《大正新脩大藏經》第二十九冊 No.1558《阿毘達磨俱舍論》卷第二十九，
　　　　頁 0152c08（06）～0152c09（06）。

〔註4〕　《大正新脩大藏經》第二十九冊 No.1558《阿毘達磨俱舍論》卷第二十九，
　　　　頁 0152c10（14）～0152c18（08）。

法。不一不異。非斷非常。〔註5〕

世親破說，此部所說，我體實有，與蘊之關係是「不一不異」。若言是一，則蘊滅我滅，其體一故，入於斷滅。若言是異，蘊滅我存，我既不滅，我應是常，便自語相違，汝許我與蘊不異，「計我與蘊。不一不異。」。犢子部主張我是「非斷非常」，我與蘊「不一不異」，而有實我。而世親續破斥說，如犢子部所言我與蘊是不異的話，亦是自語相違，因爲色蘊與其它蘊各有實體，我體實故，此不應理。又執我是實體，此我定必因生或無爲法。若是因生，應是無常，既是無常，違自宗義，汝不許我是無常故，即汝所言「非斷非常」。若執爲無爲法，此亦非理，無爲法者，定是常法，不從因生，如同外道之見；若執我爲假者，則如我說，立爲假我便可，又何須另立非即非離蘊我，這豈不是多此一舉。犢子部眾對世親之破斥仍然不服，於是再以薪火之喻，企圖力挽狂瀾。論云：

> 此如世間依薪立火。如何立火可說依薪。謂非離薪可立有火。而薪與火非異非一。若火異薪薪應不熱。若火與薪一所燒即能燒。如是不離蘊立補特伽羅。然補特伽羅與蘊非異一。若與蘊異體應是常。若與蘊一體應成斷。〔註6〕

其意是說，我犢子部所說我與蘊的關係，好比火和薪的關係一樣，非一非異。如果火與薪不同，薪應不能燒。如果薪火爲一，能燒亦即所燒，就此義而言，說薪火非一，故言依薪生火。補特伽羅與蘊非一非異，火依薪立，火亦非薪；我依蘊立，我亦非蘊。如果我與蘊異，我體應是常住；如果我與蘊爲一，蘊滅則我滅，體亦斷滅。犢子部所立之補特伽羅是非常非斷，而說爲實我。世親繼而再破犢子部依薪有火說：論云：

> 若依此理火則異薪。後火前薪時各別故。若汝所計補特伽羅如火依薪依諸蘊者則定應說緣蘊而生體異諸蘊成無常住。若謂即於炎熾木等煖觸名火餘事名薪。是則火薪俱時而起應成異體。相有異故。應說依義。此既俱生。如何可言依薪立火。謂非此火用薪爲因。各從自因俱時生故。亦非此火名因薪立。以立火名因煖觸故。〔註7〕

〔註5〕《卍新纂續藏經》第五十三冊 No.842《俱舍論頌疏》卷第二十九，頁 0521a18（00）～0521a23（00）。

〔註6〕《大正新脩大藏經》第二十九冊 No.1558《阿毘達磨俱舍論》卷第二十九，頁 0152c24（04）～0152c29（05）。

〔註7〕《大正新脩大藏經》第二十九冊 No.1558《阿毘達磨俱舍論》卷第二十九，頁 0153a09（04）～0153a16（04）。

又曰：

> 若謂所說火依薪言爲顯俱生或依止義。是則應許補特伽羅與蘊
> 俱生或依止蘊。已分明許體與蘊異。理則應許若許蘊無。補特伽羅
> 體亦非有。如薪非有火體亦無。而不許然故釋非理。〔註8〕

世親進一步破斥犢子部所謂「依薪有火」比喻依蘊有我生。如依薪有火，理應薪火於燃燒時有先後之別，因爲所燒是薪，能燒是火，故薪火應非同時，所言依薪有火，不能成立。又蘊是無常，我亦應無常，何故言我是常呢？既是我依蘊存，我與各蘊理應不同，何故說我與蘊同？豈不自相矛盾？又依蘊有我，依薪立火，薪火俱生，我與蘊亦異，落入自教相違。如犢子不能接受蘊是假合，我亦非有，如薪火非實，定不合理。世親續破犢子部的薪火是一，論曰：

> ……若謂木等遍炎熾時，說名爲薪，亦名爲火。是則應說，依
> 義謂何？補特伽羅與色等蘊定應是一，無理能遮。〔註9〕

世親認爲犢子部此說，亦不恰當。因爲木之體性既名爲薪，亦名爲火，二者俱生於一時，其所依是何義呢？又貴部所說，薪火如是一的話，又爲何說成非一呢？所以你們犢子部所說蘊與我爲一的理論，實在沒法有合理的解釋。由此可知，犢子部的依薪立火，依蘊立我，其理不能成立。

總的來說，世親破斥犢子的「非即非離蘊我」是成功的。他從薪火出現時間之先後，確定薪火無法是同——非異；又從熱源去分析火是熱，而薪非熱，非一——異，但熱能卻因薪而生，令犢子部陷入兩難；又從依義去分析，若火與薪是同——不異，當火燒木頭時，二者互爲燃燒，那時說爲能燒者是火，是薪皆可，因爲火即是薪，薪即是火，如是，火與薪之間便失卻依存的意義，依蘊立我，亦即如是，故不能成立。世親續破犢子部說：

> 故彼所言如依薪立火。如是依蘊立補特伽羅。進退推徵理不
> 成立。又彼若許補特伽羅與蘊一異俱不可說。則彼所許三世無爲
> 及不可說五種爾焰亦應不可說。以補特伽羅不可說第五及非第五
> 故。〔註10〕

〔註8〕《大正新脩大藏經》第二十九冊 No.1558《阿毘達磨俱舍論》卷第二十九，
　　　　頁 0153a17（03）。～0153a21（04）。

〔註9〕《大正新脩大藏經》第二十九冊 No.1558《阿毘達磨俱舍論》卷第二十九，
　　　　頁 0153a28（11）～0153a29（02）。

〔註10〕《大正新脩大藏經》第二十九冊 No.1558《阿毘達磨俱舍論》卷第二十九，
　　　　頁 0153b01（02）～0153b05（02）。

由於犢子部主張三世五蘊法，皆有實我，故不能說為一為異。眾生若捨生死而入涅槃，我體與無為法亦不可定說為一為異，是故第五不可說法藏亦不可說為一為異。世親破說，你所說的第五法藏中不可說法藏是有我及非第五不可說法藏是無我，因為補特伽羅與前四法藏，不可說一或異，故第五法藏，亦復如是。補特伽羅與蘊有非是一，非是異故。

世親再破斥說：

> 非我者何。謂蘊處界。便違前說補特伽羅與色等蘊不一不異。

〔註11〕

他責難犢子部所說的蘊處界是非我法，便違背自宗所說的「我與蘊不一不異」了。因為五蘊、十二處、十八界等諸法若非是我法，你犢子部為何說是一呢？由此可見，犢子部的「非即非離蘊我」，至此已徹底瓦解。

近人金行天之碩士論文《從緣生的觀點研討與認識有關的諸俱舍義》認為：

> 世親對犢子部有關「非即非離蘊我」的思想評破有成功有不成功。成功是對「非即」、「非離」、「不一」、「不異」能予以徹底擊破，令犢子部陷於進退兩難之局；而不成功者，犢子部主張的「非即非離蘊我」乃屬般若精神，若用一般的邏輯思維去分析，並不恰當。

〔註12〕

筆者認為，大乘思想直至於公元二世紀才開始萌芽，當時小乘學者，包括世親在內對大乘思想甚為抗拒，並加苛責。其次，「說一切有部」等教派根本不相信佛有所謂大乘法之說，故就小乘而言，在排遣大乘非佛說之前提下，犢子部之理論不合正理，依此而言，世親所破斥算是成功的。

第二節　破斥外道數論派之神我自性二元論

數論師執我為實，蓋「識」有了別一切事物，我既能生起了別及所了別之事，故有實我，猶如天授必持天授作用，這就是數論之宗旨。論云：

> 若假士夫體非一物。於諸行相續假立此名故。如天授能行識能

〔註11〕《大正新脩大藏經》第二十九冊 No.1558《阿毘達磨俱舍論》卷第二十九，頁 0154c19（03）～0154c20（11）。

〔註12〕金行天撰：《從緣生的觀點研討與認識有關的諸俱舍法義》（碩士論文）。台北：台灣大學哲學研究所，1980，頁 120。

了亦爾。〔註13〕

意謂：假如五蘊有士夫作用就說爲我的話，應該有五個我，因爲我的體有五而不是一個。如果假立天授就是我，此我亦非眞實。若言天授能行五蘊就是有我，那麼「識」豈不是也應有我，能了別五蘊法故。故知天授能行諸法及「識」能了知諸法，皆非我。數論師不服向世親挑戰了五個難題，茲列於下：

        1. 依何理說天授能行？〔註14〕

        2. 識於所緣爲何所作？〔註15〕

        3. 如何似境？〔註16〕

        4. 爲依何理說燈能行？〔註17〕

        5. 諸有修力最強盛者。寧不恒時生於自果。由此心有住異相

          故。〔註18〕

以上大意是說：既然說是天授能行，如沒有我的話，便說不通了；經說「識」能了別所緣境，有什麼作用呢？如何似境？又言燈能行所依的是什麼道理？假如心能數起至最強勢時，是否容易生起自果？世親解說：

        謂於刹那生滅諸行不異相續立天授名。愚夫於中執爲一體。爲

        自相續異處生因。異處生名行。因即名行者。依此理說天授能行。

        如焰及聲異處相續。世依此說焰聲能行。如是天授身能爲識因故。

        世間亦謂天授能了。然諸聖者爲順世間言說理故。亦作是說。〔註19〕

世親解釋天授只是假名，是因緣和合的假法，因爲世人不知諸行刹那生滅，執有實體的我，此假相能在異處生因，又於後刹那異處生時，故說爲行。即

〔註13〕《大正新脩大藏經》第二十九冊 No.1558《阿毘達磨俱舍論》卷第三十，頁0157b12（05）～0157b13（03）。

〔註14〕《大正新脩大藏經》第二十九冊 No.1558《阿毘達磨俱舍論》卷第三十，頁0157b13（03）。

〔註15〕《大正新脩大藏經》第二十九冊 No.1558《阿毘達磨俱舍論》卷第三十，頁0157b20（02）～0157b21（06）。

〔註16〕《大正新脩大藏經》第二十九冊 No.1558《阿毘達磨俱舍論》卷第三十，頁0157b23（05）。

〔註17〕《大正新脩大藏經》第二十九冊 No.1558《阿毘達磨俱舍論》卷第三十，頁0157b29（07）。

〔註18〕《大正新脩大藏經》第二十九冊 No.1558《阿毘達磨俱舍論》卷第三十，頁0157c18（08）～0157c19（06）。

〔註19〕《大正新脩大藏經》第二十九冊 No.1558《阿毘達磨俱舍論》卷第三十，頁0157b14（01）～0157b20（02）。

前念為因，後念為行，故因便是行，就此而言，說其天授能行。這就好像燈焰一樣，導人向前，便說為行，又聲音在空谷中迴響傳呼人一樣，故說為行。故說天授「識」能了而非有我，其意於此。

世親解答數論的第二個問難：

> 識於所緣為何所作。都無所作但以境生。如果酬因。雖無所作
> 而似因起說名酬因。如是識生雖無所作而似境故說名了境。〔註20〕

他說，其實識所緣是沒有我的作用，只是似境生而已，故說為果酬於因，而此因實非是我。由於識上似有境生起，故言能了境，亦非有我。

世親解答數論的第三個問難：

> 謂帶彼相。是故諸識雖亦託根生不名為根。但名為了境。或識
> 於境相續生時。前識為因引後識起說識能了亦無有失。世間於因說
> 作者故。如世間說鐘鼓能鳴。或如燈能行識能了亦爾。〔註21〕

意謂：諸識所攀緣的外境是帶質境，好比人照鏡一樣，從鏡中了知境物，假相非真。然諸識生起只能了境不言了根。當能緣之識攀緣所緣之境，依前生後，相續生起，猶如世間說為能作因，一如鐘鼓能鳴，或說如燈能行、識能了一樣的道理，但此能了，非是有我。

世親解答數論的第四個問難：

> 為依何理說燈能行。焰相續中假立燈號。燈於異處相續生時。
> 說為燈行。無別行者。如是心相續假立識名。於異境生時說名能了。
> 或如色有色生色住。此中無別有生住者。說識能了理亦應然。〔註22〕

意謂：燈之所以為燈及燈行，是燃燒的火焰不滅，由此至彼，相續而生。故我亦無別之能行，當識於異處攀境而生，說為能了。又或說世間的色生、色住，此中色能生或能住者，都無實我。一如說識能了，其理一也。數論續問：

> 若後識生從識非我。何緣從識不恒似前。及不定次生如芽莖葉
> 等。〔註23〕

〔註20〕 《大正新脩大藏經》第二十九冊 No.1558《阿毘達磨俱舍論》卷第三十，頁
　　　　 0157b21（06）～0157b23（05）。

〔註21〕 《大正新脩大藏經》第二十九冊 No.1558《阿毘達磨俱舍論》卷第三十，頁
　　　　 0157b24（00）～0157b28（01）。

〔註22〕 《大正新脩大藏經》第二十九冊 No.1558《阿毘達磨俱舍論》卷第三十，頁
　　　　 0157b29（07）～0157c04（05）。

〔註23〕 《大正新脩大藏經》第二十九冊 No.1558《阿毘達磨俱舍論》卷第三十，頁
　　　　 0157c04（05）～0157c05（05）。

　　數論不服向世親問難說：你世親若說，以前識爲因，引生後識，非由我而生。那麼後識理應與前識相同，何以不恒似前識？又前識引生後識生起，何以芽、莖、葉的生長，有先後不定的次序呢？

　　世親回應說：

> 有爲皆有住異相故。謂諸有爲自性法爾微細相續後必異前。若異此者縱意入定。身心相續相似而生。後念與初無差別故。不應最後念自然從定出。〔註24〕

意謂：一切有爲法不離生、住、異、滅四相，其自性微相續，難於察覺。否則行者初入定地與出定之時豈不是一，故後識不同於前識，有異相之故，這是有爲法的規律。

　　世親解答數論的第五個問難：

> 寧不恒時生於自果。由此心有住異相故此住異相於別修果相續生中最隨順故。〔註25〕

意謂：因心住於異相，不恒生自果，而生劣果，因爲後心劣於前心，故隨順生劣果。世親認爲色法生起尚難了知、心、心所法更不待言，非大智慧者則不能了知其原委。

第三節　破斥勝論師執我爲實

　　勝論派認爲一切法實有存在，具一切實、德、業，心從我生，離我則無心，故言有我，其所持者，有如下之理，勝論師言：

1. 諸心生時皆從於我。〔註26〕

2. 若謂由待意合差別有異識生理定不然。我與餘合非極成故。
   〔註27〕

3. 若待行別我意合者則應但心待行差別能生異識。〔註28〕

〔註24〕《大正新脩大藏經》第二十九冊 No.1558《阿毘達磨俱舍論》卷第三十，頁0157c06（03）〜0157c09（04）。

〔註25〕《大正新脩大藏經》第二十九冊 No.1558《阿毘達磨俱舍論》卷第三十，頁0157c19（06）〜0157c20（06）。

〔註26〕《大正新脩大藏經》第二十九冊 No.1558《阿毘達磨俱舍論》卷第三十，頁0157c27（01）。

〔註27〕《大正新脩大藏經》第二十九冊 No.1558《阿毘達磨俱舍論》卷第三十，頁0158a01（08）。

〔註28〕《大正新脩大藏經》第二十九冊 No.1558《阿毘達磨俱舍論》卷第三十，頁0158a09（13）〜0158a11（05）。

4. 若我實無爲何造業。〔註29〕

5. 我體是何。〔註30〕

6. 何名我執境。〔註31〕

7. 云何知然？〔註32〕

8. 謂因起性。若無我體誰之我執。〔註33〕

9. 若爾我執以何爲因。〔註34〕

10. 我體若無誰有苦樂。〔註35〕

世親對勝論師所言之我執爲實者，不敢苟同，以論釋疑，逐一破說：

1. 若諸心生皆從我者。何緣後識不恒似前。及不定次生如芽莖葉等。〔註36〕

意謂：你勝論師所說因爲心生起時所依是我，故執爲實，然則，爲何心生起後識不恒常似前識？又爲何所生之時不依次第而生，如芽莖葉等？由此可知，我非實有。

2. 又二物合有分限故。謂彼自類釋合相言非至爲先後至名合。我與意合應有分限。意移轉故我應移轉。或應與意俱有壞滅。〔註37〕

意謂：不同之物，各有界限，如何結合？勝論師自己亦說「非至爲先後至名合」，明顯地，說明了二種物體各有界限。我與意二物既非遍合，亦應各有界

〔註29〕《大正新脩大藏經》第二十九冊 No.1558《阿毘達磨俱舍論》卷第三十，頁 0158b07（00）。

〔註30〕《大正新脩大藏經》第二十九冊 No.1558《阿毘達磨俱舍論》卷第三十，頁 0158b08（00）。

〔註31〕《大正新脩大藏經》第二十九冊 No.1558《阿毘達磨俱舍論》卷第三十，頁 0158b08（00）。

〔註32〕《大正新脩大藏經》第二十九冊 No.1558《阿毘達磨俱舍論》卷第三十，頁 0158b09（04）。

〔註33〕《大正新脩大藏經》第二十九冊 No.1558《阿毘達磨俱舍論》卷第三十，頁 010158b19（00）。

〔註34〕《大正新脩大藏經》第二十九冊 No.1558《阿毘達磨俱舍論》卷第三十，頁 0158b22（04）。

〔註35〕《大正新脩大藏經》第二十九冊 No.1558《阿毘達磨俱舍論》卷第三十，頁 0158b23（03）。

〔註36〕《大正新脩大藏經》第二十九冊 No.1558《阿毘達磨俱舍論》卷第三十，頁 0157c28（02）～0157c29（02）。

〔註37〕《大正新脩大藏經》第二十九冊 No.1558《阿毘達磨俱舍論》卷第三十，頁 0158a02（00）～0158a08（05）。

限。故論主破說：我與意二物定有分限，若言我與意後至爲合，亦不合理，因意有遷流轉移，我亦有遷流轉移，故意壞滅時，我亦應壞滅，既然二者俱滅，如何有我與意相合呢？

> 若謂一分合理定不然。於一我體中無別分故。設許有合我體既常。意無別異。合寧有別。〔註38〕

若言是部分分合，非全部合，亦不合理，一法體上不能分割一分，何爲有爲一分合，故亦不成理。即使容許彼說我與意能相合，然我體是一是常住，意亦應是一是常住，二物既是不變常住，如何有異識生起呢？

> 3. 若待行別我意合者則應但心待行差別能生異識。何用我爲。我於識生都無有用。而言諸識皆從我生。如藥事成能除痼疾誑醫矯説普莎訶言。若謂此二由我故有此但有言無理爲證。若謂此二我爲所依如誰與誰爲所依義。〔註39〕

> 4. 爲我當受苦樂果故。〔註40〕

> 5. 謂我執境。〔註41〕

> 6. 謂諸蘊相續。〔註42〕

> 7. 貪愛彼故。與白等覺同處起故。謂世有言。我白我黑。我老我少。我瘦我肥。現見世間緣白等覺與計我執同處而生。非所計我有此差別。故知我執但緣諸蘊。〔註43〕

> 8. 此前已釋。寧復重來。謂我於前已作是説。爲依何義説第六聲。乃至辨因爲果所屬。〔註44〕

〔註38〕《大正新脩大藏經》第二十九冊 No.1558《阿毘達磨俱舍論》卷第三十，頁0158a09（13）～0158a11（05）。

〔註39〕《大正新脩大藏經》第二十九冊 No.1558《阿毘達磨俱舍論》卷第三十，頁0158a09（13）～0158a13（05）。

〔註40〕《大正新脩大藏經》第二十九冊 No.1558《阿毘達磨俱舍論》卷第三十，頁0158b07（00）。

〔註41〕《大正新脩大藏經》第二十九冊 No.1558《阿毘達磨俱舍論》卷第三十，頁0158b08（00）。

〔註42〕《大正新脩大藏經》第二十九冊 No.1558《阿毘達磨俱舍論》卷第三十，頁0158b09（04）。

〔註43〕《大正新脩大藏經》第二十九冊 No.1558《阿毘達磨俱舍論》卷第三十，頁0158b09（04）～0158b13（06）。

〔註44〕《大正新脩大藏經》第二十九冊 No.1558《阿毘達磨俱舍論》卷第三十，頁0158b19（00）～0158b21（04）。

9. 謂無始來我執熏習。緣自相續有垢染心。〔註45〕

10. 若依於此有苦樂生。即說名爲此有苦樂。如林有果及樹有
　　花。〔註46〕

世親論師一連串解答勝論師的疑難，他的意思是說：

（3）既然我與意合，就不應說我等待心差別行合，若說心須待差別行合，計我就又有何用呢？汝所說諸識皆從我生，既是無關，何得有我。

（4）受苦樂果者是五蘊之假我，非爲眞實的我；

（5）當知凡夫以假我於所緣境，執我爲實，誤以爲因緣集聚人生滅的法境上是實我，是爲我執境，以假我爲體故；

（6）凡夫在五取蘊相續的生滅法上，起有我執，名我執境也。

（7）由於眾生爲煩惱所擾，執五蘊之我，起貪等我執，又對世間之事物有覺知如黑白，執五取蘊爲我，實非眞我；

（8）一如前所說，貪愛五蘊而執我爲實，及識所緣虛妄境相。

（9）眾生由無始以來依習氣執我爲實，此習氣又熏成種子而輾轉相續，久而久之，於非我起染污之心，執我爲實，這是無始以來受我執的習氣所影響之結果。

（10）苦樂就是依現在的假我——五蘊之身，此身之苦樂而不是你所說的我有苦樂。譬如說有叢林之地就必有果實，有樹木之處就必有花朵一樣，所謂叢林、樹木、身等皆依因緣而生，而是假有之物，那麼，何來有我呢？

至此，勝論師所言之我——實我，被世親破得體無原膚。

第四節　小　結

近人研究俱舍之「無我」品有幾種不同之看法：俄人徹爾巴茨基說：

　　破我品是俱舍論的一篇後加的附錄；不過，它的時間並不比本
　　論晚得多少。破我品之所以被做爲俱舍論的最後一章，正因爲它對
　　全論的中心思想作了最概括的和最有總結性的表述，就是說，破我

〔註45〕《大正新脩大藏經》第二十九冊　No.1558《阿毘達磨俱舍論》卷第三十，頁
　　　　0158b22（04）～0158b23（03）。
〔註46〕《大正新脩大藏經》第二十九冊　No.1558《阿毘達磨俱舍論》卷第三十，頁
　　　　0158b24（03）～0158b25（03）。

品實際上就是俱舍論的結論。〔註47〕

徹爾巴茨基認為〈破我品〉是世親的哲學論文、俱舍的總結。

楊白衣視無我品為俱舍之義而論之。李世傑研習《俱舍論》時，視此品為俱舍之思想。此〈破執我品〉是世親破斥小乘犢子部及外道勝論派及數論派，執我為實之謬論。

演培法師《俱舍論頌講記》則缺此品，而他發表〈關於俱舍的破我品〉一文，考訂〈破我品〉不屬於《俱舍論》，其所舉證有六：一、從「頌曰」之形成，二、從長行之生起相，三、從長行與頌文，四、從顯宗、正理論，五、從前後文組織及六、從對佛及弟子之態度。茲引其文如下：

> 佛教學者，講解經論，向分序、正宗、流通的三分。本論的三分：開頭的七言三頌是序分，中間的五言六百頌是正宗分，末尾的七言一頌是流通分，這樣，全論組織，前後關照，井然有條，本無須再加以畫蛇添足，但因向來視破我品為本論的一品，於是三分的科判，就成為一件很煩的事。如光（記）、寶（疏）他們的分判，都很難恰到好處。為了解決這種困難，首先有研究破我品是否屬於俱舍的必要。中國佛教學著，都知俱舍有九品，即界、根、世間、業、隨眠、賢聖、智、定及破我品。前八品是屬俱舍，沒有問題，暫且不談；後一品是不是屬俱舍所有，這實是值得我們探討的一大問題。過去雖沒有人提出討論，但近來似已有人談到。據日本學者林常所著俱舍法義看，我可確定的對大家說：破我品應稱為破我論，是另一部書，非俱舍的一品。〔註48〕

及後日本學者快道林常所著之《俱舍法義》稱《俱舍論》之〈破我品〉雖非其本論，但同意是世親附加之作。根據林常所著《俱舍法義》認為〈破我品〉非《俱舍論》一書所涵蓋。

台灣印順法師則認為：讀《俱舍論》有助了解世親的思想，而〈破我品〉不屬於《俱舍論》，但同意〈破我品〉是世親的作品，並認為是《俱舍論》的一部份。茲錄其文如下：

〔註47〕徹爾巴茨基著，巫白慧譯：〈關於阿毗達磨俱舍論破我品〉，《俱舍論研究》（上冊），收入張曼濤編《現代佛學叢刊》（第22冊）。台北：大乘文化出版社，1978，頁307～313。

〔註48〕演培法師：〈關於俱舍的破我品〉，《俱舍論研究》（下冊），收入張曼濤主編《現代佛教學術叢刊》（第51冊）。台北：大乘文化出版社，1978，頁151。

以「俱舍論」為中心的世親（Vasubandhu）學，「破執我論」與「大乘業論」，是相關而有助於世親思想的闡明，所以附在這裏，略為論及。「破我論」、就是「俱舍論」末後的「破執我品」。這本是別論，不屬於「俱舍」六百頌的。但在造「俱舍論釋」時，早就有了「破我論」的構想，所以說：「破我論中當廣思擇」；「破我品中當廣顯示」。所以論的體裁，雖不是阿毗達磨，而一向附於「俱舍論」而流通，也就被看作「俱舍論」的一分子。〔註49〕

又近代溫金柯先生的碩士論文研究指出《阿毗達磨俱舍論的諸法假實問題》顯然贊成「破執我品」是屬於《俱舍論》之一部份。他說：

綜上所述，世親從法體的範疇直接證明補特伽羅非實有，然後用因果關係去還原世俗所立的主屬關係，用種子說去解釋有情生命的相續性與統一性。世親的「假名我」充分運用了《俱舍論》討論諸法假實問題時所建立的一些原則，這使得令一般人難以接受的無我論，在世親的論述中成為順理成章的結論。這充分顯示了《俱舍論》所談的諸法假實問題不僅僅是一些形上學的問題，它蘊含著深厚的宗教意義和實踐意義。而這個意義在「破執我品」中最明白的突顯出來。〔註50〕

而金行天之碩士論文對此品則偏向贊同為附錄，不認為「破執我品」是結論。他說：

「破品」本是一篇批評論辯的文章，顯然它是有所目的而發，而它本身絕不可能即是一個目的。因此，視「破品」為結論章是不當的。視「破品」為論書附錄的主張，當然也不失為一種說法。至於視「破品」為附錄，而此附錄又與論書本文有密切的關聯性的此一見解，則比上項說法較為保守。既然已經承認「破品」與論書本文有著密切的關聯，於是問題的重心是在「破品」到底與「論書本文有著如何的關係？」……而所謂的「附錄」，只是一個名稱的問題。〔註51〕

〔註49〕印順：《說一切有部為主的論書與論師之研究》。台北：正聞出版社，2002，頁687。

〔註50〕溫金柯：《阿毗達磨俱舍論的諸法假實問題》，台北：《中華文化大學》（碩士論文），1988，頁121。

〔註51〕金行天撰：《從緣生的觀點研討與認識有關的諸俱舍法義》（碩士論文）。台北：國立臺灣大學，哲學研究所，1980，頁1236～137。

總的來說，《俱舍論》之「破執我品」在學術界的確存有爭議。誠然，此品與《俱舍論》在學界一致認爲是甚有關連。不管它作爲俱舍之總結，不管它是有相關性或佛教之哲學論文，反正它對俱舍有著分不開的血緣關係，說它是俱舍的連續篇也不爲過。須知，此兩部作品出版的時間亦相去不遠矣。

第九章　總　結

　　在印度，佛教從思想之演變及發展而言，有說爲三個時期，初則以小乘「說一切有部」之諸行無常爲代表，次以大乘中觀之諸法無我爲中心，後則是發揮眞常妙有，以證如來覺性爲唯一目標之楞伽、密嚴諸經。以大小乘劃分，俱舍雖爲小乘，然其發揮之義理，左右採獲，掇奇提異，不偏不黨，卓爾成家，可謂集小乘中之大成，榮登小乘最高之寶座，應無二說，故西域記載：

　　　　論師，迦濕彌羅國人也，聰敏博達，幼傳雅譽，特深研究《說
　　一切有部毘婆沙論》。時有世親菩薩，一心玄道，求解言外，破毘婆
　　沙師所執，作《阿毘達磨俱舍論》，辭義善巧，理致清高。〔註1〕

此宗傳入華夏，除陳唐一譯外，疏釋甚多，諸如嗣眞諦法者，有弟子慧愷、慧淨、道岳等。玄奘門人註疏此論而較著名者有：神泰、普光、法寶及圓暉四人。現存於大藏經中，斑斑可考，前文已述，茲不復覼縷。又於西藏，習「俱舍宗」之義理者，爲顯密學眾之共道也，可謂緇素崇仰，莫或尙焉。

　　「俱舍宗」之建立，乃植根於部派佛教之基礎上加以改良及發揮，故對後世不論小乘部派或大乘各宗，特別是唯識宗，實有深遠之歷史影響。時至今日，雖仍有學人加以貶抑，其所持者，或言其煩瑣，或說爲小乘，或曰爲票面價值大於實際，諸如此類，而棄習「俱舍宗」，實屬不智。余以爲研習俱舍法門，甚有裨益，所以者何？其理有五：

〔註1〕《大正新脩大藏經》第五十一冊 No.2087《大唐西域記》卷第四，頁 0891c18
（03）～0891c22（02）。

（一）欲了解世親之思想

此宗之教理乃世親聚半生精力之學，早歲爲「說一切有部」之表表者，對三世實有之說，有精深獨到之見解，著作甚豐。中年，世親受《雜心論》之影響，採經部思想，矯《大毗婆沙論》之偏失，思想上作出了部份轉變。晚年，世親經其兄無著之規勸，欣然接受大乘思想，回小向大。世親用餘下之生命，專研大乘唯識學，標立旗幟，高築唯識堡壘，力拒中觀性空及眞常思想於門外。由此可知，世親一生思想，經三期演變：初爲有部思想之守護者，次爲革新思想之先驅者，後爲大乘唯識之弘揚者。是故，欲了解世親之思想，豈能不學「俱舍宗」？此其一也。

（二）欲了解部派佛教之思想

眾所周知，佛滅後四百餘年，從原始佛教到部派佛教，再由部派佛教到婆沙俱舍，小乘佛學光茫萬丈，盛極一時，可謂縱橫五天。爾時，分門立派多達二十宗，蔚然成觀。如《俱舍論（光）記》卷一所稱歎：

> 採六足之綱要備盡無遺。顯八蘊之妙門如觀掌內雖述一切有義。時以經部正之。論師據理爲宗。非存朋執　遂使九十六道。同翫斯文。十八異部。俱欣祕典。自解開異見部製群分。各謂連城。齊稱照乘　唯此一論。卓乎迴秀。猶妙高之據宏海。等赫日之曠眾星故印度學徒。號爲聰明論也。〔註2〕

由此觀之，欲窺探部派佛教各宗之長短及婆沙之精義，實有必要研習俱舍。蓋一宗之學說，創非一人，成非一時，若不明其全體及鈎連之系統，難發見其特色之所在。故追本尋源，捨俱舍何宗矣，此其二也。

（三）欲了解唯識與俱舍之關係

世親初習小乘「說一切有部」名振五天，後採諸家之長，棄自宗之短而造《俱舍論》，復又回小向大，習大乘教義，作唯識論，不論大小乘，均轟動一時，具劃時代之創作，影響甚大。世親依《俱舍論》之五位七十五法，而立唯識之五位百法，若非思想獨特，學識淵博及追求眞理之精神，如何將佛教之義理更上層樓？故研習大乘唯識者必先修習俱舍，蓋其關係密切，同出一人之手。歐陽竟無說：

〔註2〕《大正新脩大藏經》第四十一冊 No.1821《俱舍論記》卷第一，頁 0001a16（09）～0001a22（01）。

敘曰：唯識法相學，應學俱舍學。木有其本，室有其基，親有其數襧。應敘之以十事：曰九品敘事、曰阿毘達磨、曰五天時學、曰俱舍稱學不稱宗、曰捨有部義取經部義、曰捨經部義取俱舍義、曰捨餘部義取俱舍義、曰捨俱舍義取大乘義、曰稱讚世親、曰罞說其餘。〔註3〕

歐陽竟無於一九一七年刻成《瑜伽師地論》五十卷後，並爲此論作序，故對法相唯識有深厚之認識，其言之善，不可不知，後世隨其習佛學者，不乏其人，如梁漱溟、熊十力、呂澂、王恩洋、蒙文通、黃懺華、梁啓超、湯用彤等近當代著名學者，此其三也。

（四）欲攝化大小根器

眾所周知，自印度佛教流入中土，除俱舍、成實二宗，餘小乘佛教教派乏人問津，蓋學者多恥小慕大。夫小乘全無價值乎？非也，蓋眾生有利鈍之別，悟性不一，所謂小機小化，大機大化，其法有別，目的則一，猶如用藥，藥無貴賤，對症則靈；法無大小，應機則妙，故佛法多門，不可執一而廢餘。然今之弘揚佛學者，多以大乘自居，貶小揚大，不知追本尋源，圖知好大抑小，自以爲高高在上，斯甚惑矣。蓋有情之好樂及根性有異，弘法者若能大小兼施，權實並用，則受化度而獲知正見者豈不更多乎？

（五）欲了解「俱舍宗」與現今思想之關係

「俱舍宗」之義理，不獨廣集百年小乘之大成，而且對大乘諸宗影響尤大，更甚者，此宗與現代之思潮幾乎無所不包，茲舉數例，以證之：

（1）宇宙論：「俱舍宗」之義理於五蘊中，色蘊屬物，受、想、行、識屬心，如施者、施意、所施之物成一業感緣起，合三者而成。其意屬心，其人與所施之物，同屬於物，布施之業，已具心物二元論，而「俱舍宗」更以業感緣起貫通其理。

（2）智識論：吾人欲究爲萬物之緣起，必賴審定之工具，是爲智識論。故智識論用以研究及應用人類智識之泉源。佛教之因明學，壁壘精嚴，即使外道之論辯思維，皆相習成風。世親素善因明，故所創之俱舍義，有聰明學之稱。俱舍於定品談禪，智品言知，以實證之法而印證其事，豈不妙哉！

〔註3〕歐陽竟無著：〈阿毘達磨俱舍論敘〉，《俱舍論研究》（上冊），收入張曼濤主編《現代佛教學術叢刊（第 22 冊）。台北：大乘文化出版社，中華民國 67 年（1978），頁 11。

（3）人生觀：俱舍之無我品，從色心論證無我，而歸於空，依業感緣起之因果定律。「俱舍宗」之苦諦，訴說人生八苦，屬於悲觀；而談常樂我淨之境，即屬樂觀。

（4）物理學：在俱舍義中，光必可見，屬色之一分，而色有有對、無對，顯色、形色之異，共有四說，優劣長短，可想而知。

（5）生理學：俱舍言精為助緣，生因為業力所牽，於根品已能詳明胎兒初七日以至三十八個七日之變化，豈不神奇乎。

（6）心理學：俱舍言心，即通於色，色心互通，雖為相宗之精理，然俱舍先開其端。故佛學與心之關係，詳審精密，息息相關，故心理之論，亦為佛學根本之研究。

（7）魂鬼神學：靈魂、鬼、神於佛學內，分屬三類。坊間常以人死為鬼，鬼即靈魂，神操靈魂，混為一談，實大異其趣。上述三者，皆為佛教所說六道輪迴之眾生，分屬三道，人死為魂，魂或轉生人、畜、神等，靈魂為中有，鬼神為本有。俱舍尤詳斯學，於世間品，言鬼神情況，描述精細，欲研靈魂鬼神之學，捨此宗何學也。

上述之例，略明數端，以作通例，由此觀之，俱舍之學，無不備也，實與現代之一切學說之關係密切。

夫學問者，猶如百川會流，嘗水一滴，知川百味，研俱舍者，會通諸家，融小貫大，冶於一爐，入般若海，論云：

> 剖破微塵出此經。令我頓入華藏海。佛心既即眾生心。我入即同眾生入。我身與佛及眾生。互相攝入如珠網。如此圓滿大法界。全憑佛子信力持。以此信力作佛事。輾轉攝化廣無邊。見聞隨喜禮念閒。彈指即能成正覺。是故我贊佛子德。廣大如空不可量。〔註4〕

然俱舍一部，文富義廣，包羅萬有，欲總覽小乘各部，必研讀俱舍，欲掌握唯識之形成，亦必導源於俱舍。今日本人習俱舍為佛學班必修之課，更有五年俱舍三年唯識之學制；在西藏佛學課程亦編為必修課程；台灣及中國之佛學院，近年亦有相繼仿效之跡象，此宗之研習，實有不可磨滅之可貴價值。然此論文之全部，礙於作者之能力及時限，未能完全彰顯「俱舍宗」之一切諸義，部份內容，想必尚未成熟，或點到即止，此為本論不足之處。

〔註4〕《卍新纂續藏經》 第七十三冊 No.1456《憨山老人夢遊集》卷第三十三，頁0701a13（04）～0701a17（00）。

附錄篇：〈世親之業論觀〉 [註1]

　　佛在世時，隨緣施化，或爲了義，或爲方便，諸弟子中，無有異義，信受作禮。佛於經中雖曾揭示「無我」之理，以破邪執。誠然，業感之輪迴主體，尙有許多疑團待爲詮釋。原始佛學以「業感緣起」來解釋生死之去向，由於這時期較著重實踐修持，故對此問題未加注意。隨著時代之變遷，思想之成熟，對此疑問不單是自教希望圓善其說，同時亦遭外道之質詢及攻擊。部派佛教時期，內部多重視學理的研究，「毗曇學」者屢創嶄新觀點，因而掀起論諍，「業感流轉」成爲當時學界重要關注的課題。

　　眾所周知，世親之《俱舍論》以理爲宗，博採「經部」之義而破斥「說一切有部」等之異說。故此，經部對業論之說可視爲俱舍之觀點。然世親回小向大後，因受大乘經論之啓發，思想國度亦隨之而擴闊，以會通小乘各部爲基礎，吸收大乘精妙之理，從而創立《大乘成業論》，解釋部派佛教所帶來之「假我」配「業感」等難題。據當今學者李潤生先生之研究，疑難有三：

　　　（1）原始佛學，許每一眾生今世的「煩惱」與「業」，依「五蘊假我」而作，來世「福、非福報」，依「五蘊假我」而感，但此「五蘊」假體於一期生（一世）後復由聚而散，如何可作「感果」之依？此其可疑之一。

　　　（2）今生由「五蘊假我」所作的業，以何等功能足以聚而不散，以作來生之用？此其可疑者二。

　　　（3）原始佛學既不許有常的「自我」以作業感果，而代之以「五

〔註1〕　本章主要說明世親對「業論」從小乘過度到大乘的變化歷程，故附篇於後，以了解他的前後思想，而作一比較。

蘊」假體，但此「五蘊」體起伏聚散而非常住，以何因緣足以決定每一眾生的諸業與果皆自作自受，而非自作他受，亦非他作自受，或自作共受，或共作自受？此其可疑者三。〔註2〕

就以上問題，其實都離不開「因果」與「無我」引致眾生流轉所依之理論。阿含經曰：

> 若諸沙門、婆羅門見有我者，一切皆於此五受陰見我。諸沙門、婆羅門見色是我，色異我，我在色，色在我；見受、想、行、識是我，識異我，我在識，識在我。愚癡無聞凡夫以無明故，見色是我、異我、相在，言我眞實不捨。〔註3〕

故佛在世，以「無我」義，廣施教化，饒益有情，欲令眾生，離苦得樂。業感受果，由身口行，牽引而起，於此功能，發業生果，依種子因，彼彼熏習，受報輪迴，生生不息。世親大師，倡賴耶識，作受熏說，依此觀念，揉合諸家，集其精華，高建法幢，建立體系，息眾論諍，輪迴主體，得以解決。

第一節　略論佛家各部對業論之解說

筆者曾發表《略論佛家對業論之解說》一文，概括陳述小乘主要派別對業論之看法，並簡述其要點，進而指出世親轉入大乘後，確立對業論之解讀。竊以爲，眾生依業，各自流轉，其所依者，爲業力也。佛教初業，世尊釋經，眾生輪迴，皆以「我執」，爲其主因。茲錄原文如下：

> 完備體系，淵源所自，經千百載，蛻變成長，方成大乘。佛住世時，於阿含經，揭「無我」義，破「實我」執。誠其所然，「假我」「業感」，兩相襯配，於義理上，疑難未決。佛滅以後，佛教學者，於阿含經，站穩基礎，窮研遺教，會通諸理，競立新義，增飾佛說，時有部派，各自立論，各倡其義。有部思想，論其輪迴，說其業論，建「無表色」，作果功能，甚稱創見。同屬五法，總攝萬有，其所主張，具陳如下：「謂能種種運動身思。依身門行。故名身業。身之業故。故名身業。言語業者。亦思爲體。謂發語思。依語門行。故名語業。語之業故。故名語業。言意業者。謂審慮思。及決定思。爲

〔註2〕　李潤生：《佛家業論辨析》。香港：《法相學會集刊》第一輯，1968，頁8～9。

〔註3〕　《大正新脩大藏經》第二冊 No.99《雜阿含經》卷第二，頁 0011b03（02）～0011b08（00）。

意業體。故此三業。皆思爲體。隨門異故。立差別名。依意門行。
名爲意業。依身門行。名爲身業。依語門行。名爲語業。……此經
於法處中。不言無色。故知法處中。實有無表色。若無無表色。此
經闕減。便成無用。」〔註4〕此部所執，有實自性，不能成立，彼
二表業（身語表業），於因明學，相違過患〔註5〕，無從補足，實不
可取。

　　論正量部對業論之解說：小乘正量，主張有二：所言一者：「業
之體性」；二者：「業之感果」。其心王法，心所有法，刹那生滅，必
無行動，色身諸法，非刹那滅，故能存在，亦可「行動」，爲「身表
業」，作爲自體，如《俱舍論記‧卷十三》言：「爲破此故。說非行
動。正量部計。有爲法中。心心所法。及音聲光明等。許刹那滅。
定無行動。身表業色。許有動故。非刹那滅。如禮佛等身動轉時。
事若未終。此之動色無刹那滅。此身動時。表善惡故。故身表業。
行動爲體，以諸有爲法有刹那盡故者。立理正破。以諸有爲有刹那
故。定無行動。何以得知皆有刹那。以有盡故。既後有盡。知前有
滅。故知有爲法。皆刹那滅。故頌盡故二字。釋上有刹那故也。頌
中故字。兩度言之。有刹那故。盡故。此應立量。身表業色。……」
〔註6〕又此部派，立「不失法」〔註7〕，作爲「業行」，以此勢用，
感果功能！當來感招，「業果業應」。如世親言：「毘婆沙師說。有
別物爲名等身。心不相應行蘊所攝。實而非假。所以者何。非一切
法皆是尋思所能了故。此名身等何界所繫。爲是有情數。爲非有情
數。爲是異熟生爲是所長養。爲是等流性。爲善爲不善。爲無記。」
〔註8〕部派正量，所言業論，動色爲體、「不失法」者，皆有患失。

〔註4〕《大正新脩大藏經》第四十一冊 No.1823《俱舍論頌疏論本》卷第十三，頁
　　　0890c11（04）～0891b20（04）。
〔註5〕若無表色，離表而發，於欲界時，隨心存在，於色界時，無心二位（無想、
　　　滅盡二定），應無無表，心不起故，故不應理；又無表業，應有無記身業，
　　　有違經教，故言相違。
〔註6〕《大正新脩大藏經》第四十一冊 No.1823《俱舍論頌疏論本》第十三，頁
　　　0890a02（01）～0890b10（00）。
〔註7〕不失法者，指相續不失招感異熟的業力。
〔註8〕《大正新脩大藏經》第二十九冊 No.1558《阿毘達磨俱舍論》卷第五，頁
　　　0029c01（02）～0029c02（06）。

彼所計執，實有自性，作身表業，皆不應理，無力破邪，如何顯正，所據者何？意志爲思，推動色身，方爲「身業」，「行動之色」，屬物質性，其所活動，唯身業耳，作工具焉。一如生粟，變化過程，微相難知，察其組織，刹那生滅，前後變化，才成熟粟。由此觀之，憑藉此例，證他事物，皆屬必然，難爲理據。依此分析，「語表業體」、皆應雷同，「身表業體」，屬無自性，並非實有。又「不失法」，與善惡業，俱時生起，不似業體，刹那生滅，至感果後，方能消失，此亦非理。不失之法，與業俱生，唯其自身，不是業故，亦非善惡，是無記法，是不相應，故其存在，爲業符號。故《中觀論》，徹底遮破，茲引一文，以作證明：「不失法如券。業如負財物。此性則無記。分別有四種。見諦所不斷。但思惟所斷。以是不失法。諸業有果報。」〔註9〕是故此派，所謂不失，憑藉此法，實有自性，招引業果，正量計執，實有患失，不能證成。

論經量部對業論之解說：此經量部，施設業論，「主張諸行，過未無體」、「業即是思，無實身業，及語業等」；反「無表色」，唯瑜伽派，稽首認同，惟其建立，「色心互持」、「種子熏習」，其中道理，尚未周全，援引其文，以作分析：「有作是說。依附色根種子力故後心還起。以能生心心所種子依二相續。謂心相續色根相續。」〔註10〕又言：「非餘造業餘受果故。若所作業體雖謝滅。由所熏心相續功能轉變差別。能得當來愛等果者。處無心定及無想天心相續斷。」〔註11〕此派言論，「色心互持」，種子熏習，依「心相續」，得來生果，實不應理。所以者何？若有行者，入奢摩他，無想滅盡，心心所法，頓時沈沒，其「心相續」，何以持種？若言心種，從色種生，二類種子，同生一芽，於經驗界，實不可得。

小乘部派：論「無表色」，「種子熏習」、「色心互持」、「業之體性」、「業之感果」、「不失法」等，所出理論，辨釋「作業」、「能感」

〔註9〕《大正新脩大藏經》第三十冊 No.1564《中論》卷第三，頁 0022b22（00）～0022b25（00）。

〔註10〕《大正新脩大藏經》第三十一冊 No.1609《大乘成業論》，頁 0783c20（00）～0783c22（06）。

〔註11〕《大正新脩大藏經》第三十一冊 No.1609《大乘成業論》，頁 0783c11（03）～0783c13（01）。

「所感」，「種子熏習」，皆有貢獻。惟於輪迴、感果功能，尚欠周密，未能服眾。是故慈恩，無著世親，立阿賴耶，建種子說，輪迴主體，感果功能，方能解決。〔註12〕

第二節　世親建立大乘業論之體系

瑜伽行派對業論之解說：前言未密，後出轉精。原始佛教，業論流轉，小乘各派，無能解決，主體困難，仍欠周密。大乘中觀，破而不立，亦無交待。唯識學者，無著世親，肩負重任，檢討各部，重整理據，立賴耶識，業感流轉，輪迴主體，相應困難，圓滿解決。

阿賴耶識建立之義據：芸芸眾生，各具八識，於所有識，各有心所，心心所法，依相見分。故心心所，唯相見分，各依種子，自起而生，或同種生，或別所生，成一單體。故眾生者，一堆種子，相分見分，似盆散沙，無從統攝。唯識學者，觀其諸行，相見二分，排列有序，有條不紊，從定觀察，生生不息，似有統攝，細而察之，剎那生滅，連續之力，故名之曰：「阿賴耶識」。其理有二：一曰含藏，一切種子；二為七識，作根本依。立此識故，輪迴主體，業感所依，此中理論，各派論師，心悅誠服。

阿賴耶識受熏說之建立：世親論師，依《成業論》，立賴耶識，作受熏說，茲引下文，以作解釋：「心有二種：一、集起心，無量種子集起處故；二、種種心，所緣行相差別轉故。」〔註13〕由此觀之，此「集起心」，即賴耶識，均屬色法、心法種子，聚集生起。又曰：「能續後有、能執持身故，說此名阿陀那識。攝藏一切諸法種子故，復說名阿賴耶識。前生所引業果熟故，即此亦名異熟果識。」〔註14〕

由此得知，阿賴耶識，能生業果，就作用言，名阿陀那；就含攝義，能藏諸色，心法種子，名賴耶識；就果報言，名異熟識。故「集起心」，是諸種子，組合之體，依類而起，為根身性、器界所依，亦為眾生，感果主體。異

〔註12〕林律光著：〈略論佛家對業論之解說〉，《清水灣文集》，收入林律光主編《香港學術精粹叢書》。香港：科華圖書出版公司，2009，頁130～137。

〔註13〕《大正新脩大藏經》第三十一冊 No.1609《大乘成業論》，頁 0784c07（10）～0784c09（04）。

〔註14〕《大正新脩大藏經》第三十一冊 No.1609《大乘成業論》，頁 0784c27（00）～0784c29（02）。

名雖多，唯識學者，多所選取，阿賴耶識，以其名義，建立「能藏」、「所藏」「執藏」，作其意義。言「種種心」，謂前六識，心心所法，隨緣生起，與「集起心」，恆時相續，無有間斷，有所不同。阿賴耶識，隱伏微細，難察其妙，是故眾生，有所懷疑。世親亦云：「若爾，經句當云何通？如說：云何識取蘊？謂六識身。云何識緣名色？識謂六識。應知此經別有密意，如契經說：云何行蘊？謂六思身，非行蘊中更無餘法，此亦應爾。說六非餘有何密意？且如世尊解深密說：『我於凡愚不開演』者，『恐彼分別執爲我』故。何緣愚夫執此爲我？此無始來窮生死際，行相微細無改變故。」〔註15〕

由於六識、所依所緣、行相品類、粗易了知，故雜阿含，只說六識，不提賴耶，密意而已。雜阿含經，雖言行蘊，括六思身，事實言之，不相應行，亦屬行蘊。六識賴耶，互相依存，關係密切。現行六識，熏習種子，存於賴耶，條件具備，始生作用，輾轉相生，相互不離，一切作業，感果功能，悠然而生！如《瑜伽師地論》云：

> 謂略說阿賴耶識是一切雜染根本。所以者何。由此識是有情世間生起根本。能生諸根根所依處及轉識等故。亦是器世間生起根本。由能生起器世間故。亦是有情互起根本。一切有情相望互爲增上緣故。所以者何。無有有情與餘有情互相見等時。不生苦樂等更相受用。由此道理當知有情界互爲增上緣。又即此阿賴耶識。能持一切法種子故。於現在世是苦諦體。亦是未來苦諦生因。又是現在集諦生因。〔註16〕

是故高標，阿賴耶識，「有漏」人生，世界本源，方得解決。眾生於世，尚未解脫，上窮無始，下究無終，構成宇宙，有情世間。阿賴耶識，受熏之說，疏解業感，流轉疑惑，與此同時，澄清部派，有情生天（無想天、無色界、滅盡定。），一切疑難。《大乘成業論》云：

> 應如一類經爲量者。所許細心彼位猶有。謂異熟果識具一切種子。從初結生乃至終沒。展轉相續曾無間斷。彼彼生處由異熟因。品類差別相續流轉。乃至涅槃方畢竟滅。即由此識無間斷故。於無

〔註15〕《大正新脩大藏經》第三十一冊 No.1609《大乘成業論》，頁 0785a19（01）～0785a26（00）。

〔註16〕《大正新脩大藏經》第三十冊 No.1579《瑜伽師地論》卷第五十一，頁 0581a26（04）～0581b06（01）。

心位亦說有心。餘六識身於此諸位皆不轉故說爲無心。由滅定等加行入心增上力故。令六識種暫時損伏不得現起故名無心。非無一切。心有二種。一集起心。無量種子集起處故。二種種心。所緣行相差別轉故。滅定等位第二心闕故名無心。如一足床闕餘足故亦名無足。彼諸識種被損伏位。異熟果識刹那刹那轉變差別。能損伏力漸劣漸微乃至都盡如水熱箭引燒發力。漸劣漸微至都盡位。識種爾時得生果。便初從識種意識還生。後位隨緣餘識漸起。〔註17〕

世親菩薩，破斥經部：滅定猶有，細心論者，當入滅盡，加行定心，停止六識，一切六識，心心所法，如是種子，潛伏不起。唯「集起心」，含藏種子，須不現行，相續不斷，存於賴耶。故滅盡定，猶存細心，實指賴耶，非第六識。隨時消逝，加行定心，漸趨微弱，前六識心，一切種子，復歸能力，先起意識，次五識生，名爲出定。如是疑難，「色心互熏」、「滅定細心」，兩者過失，盡得消除。由此可見，世親賴耶，受熏之說，會通佛理，釋疑解惑，建立業論，偃息論諍。

輪迴主體之建立：釋尊創教，天竺圓音，立輪迴觀。依我佛教，輪迴之基，建於兩論，一「緣起論」、二「無我論」，離此兩者，皆非本教，如「一」「常」論，「主宰」「神我」……。是故五蘊，假體實我，作輪迴體，皆不應理。瑜伽行派，爲解此難，作輪迴體，設五條件，方能釋疑，令人信服。何者爲五：第一緣生，無自性故；第二意志，非主宰性；第三色心，能發業行；第四攝持，功能感果；第五續轉，必相因待。具足此五，輪迴主體，所造「業行」，於倫理上，方得稱理，符合眾生，「自作自受」，流轉業論。今瑜伽師，立「賴耶識」，作有情體，與前七識，因果依存，而賴耶識，非實自體（亦非實體），非常不變，契合佛理，「緣起論」故，是故相應，「輪迴主體」，首項要求。「阿賴耶識」，是諸種子，積聚功能，組合而成，隨緣變化，非獨立性，亦無主宰，更非永恒，所以者何？眾生入滅，證涅槃境，轉識成智，阿賴耶識，同時消失，合「無我論」，符轉世義，次項要求，得以滿足。「阿賴耶識」，含藏眾生，生命個體，物質精神，活動功能，能發業行，符第三義。「阿賴耶識」，以「業種子」，攝餘勢力，熏習相續，刹那生滅，寄存八識。行者證入，「無心定」時，前六識止，唯賴耶識，持種功能，續生效用，業種不失，合

〔註17〕《大正新脩大藏經》第三十一冊 No.1609《大乘成業論》，頁 0784b29（01）～0784c14（02）。

乎條件，第四者也。一期終結，阿賴耶識，以業種子，感招來生，根身器界，成業果報。是故當知，「發業主體」、「攝持感果、功能主體」、「感果主體」、全由眾生，各自具足，賴耶統攝，相因相待，轉化相續，合第五義。

第三節　近代學者對世親建立業論之評價

由是觀之，原始佛教，「輪迴」觀念，採「無我論」，納「緣起說」，依此義理，建立體系，「業感緣起」、「輪迴業論」、「感果功能」，一切矛盾，盡得消弭。於「造物主」，執「實自性」；立「神我」者，建「靈魂」說，其存在論，難於立足。瑜伽行派，經千百載，嘔心瀝血，論證諍辯，破邪顯正，作權威說。如上所言，五條規則，一應俱備，立「賴耶識」，釋疑解惑，「輪迴主體」，徹底解決。瑜伽學者，力主唯識，非離識種，作業熏種，依賴耶識，一貫相續，不斷變化，離此賴耶，無業可造、無種可熏、無果可報。世親菩薩，撰《成業論》，息大論諍，圓輪迴說，建佛業論，……！〔註18〕

近人李孟崧在其碩士論文《俱舍論對業之批判》認為經部之二元論尚未周全，而阿賴耶識之建立正是佛教理論發展的必然結果。同時，他認為世親唯識學之成就，《俱舍論》對此有著莫大的貢獻。茲錄其原文如下：

> 經部直接由思心所的活動來說明業的本質問題時，提出思種熏習的觀念，所謂離思無異熟因，離受無異熟果。此謂熏習，就是前念熏生後念。但經部又主張色心種子互熏，在理論上，從而產生由色法種上生起心法種的疑難。雖然如此，經部的種子學說，仍比有部的無表業觀念來得進步。

> 經部的色心二元論的缺點，要到唯識學一元論才能得到解決。因為唯識學建立阿賴耶識，是貯藏色心諸法種子的庫藏，即使在無心定時，心法不起現行，但心法種子仍相續不斷地存在阿賴耶識中，故能在出無心定後，即起現行。阿賴耶識建立，實亦承經部細心的進一步發展的結果。其實賴耶識的建立，實際亦是佛教理論發展的結果，如上座部的有分識，化地部的窮生死蘊，經部的一味蘊，都是此一思路的進展，唯識學的建立，即圓滿解決業力學說種種疑難。

〔註18〕林律光著：〈略論佛家對業論之解說〉，《清水灣文集》，收入林律光主編《香港學術精粹叢書》。香港：科華圖書出版公司，2009，頁130～137。

俱舍論對業的思想提出討論，並偏於經部種子理論。世親是唯識學一代祖師，唯識三十頌實爲其唯識思想圓熟之代表作，而種子的性質，（如種子之六義）及其如何能變現依正世界，唯識學都有圓滿的說明，故俱舍論之貢獻，實是奠定了唯識學的發展，唯識宗將俱舍論列爲法相之基礎，亦可見俱舍與唯識之緊密關係。〔註19〕

而王頌之之《大乘成業論》分別引《攝大成論》和《成唯識論述記》指出世親未能把「有受盡相」及「無受盡相」〔註20〕二相之種子功能說得清楚，有所遺憾，並試圖推想其原因，茲錄原文如下：

故此，就種子的作用差別來說，有情作善、不善業後，熏習成善、不善性的「業種子」，這「業種子」受果有盡，只能感受一次異熟果報，便不能再感召果報。但另一方面，它的自體——「名言種子」仍然存在，能夠不斷生起現行。這是因爲種子的體性，前滅後生，相似相續、恒轉無盡。所以每當遇緣時，便生起現行，現行起時又熏習新的種子；又能作思種子因緣，重行造業。這便是《攝論》所說的「無受盡相」了。故此，必須說明種子有受盡與無受盡二相，唯識學中業種酬果的原理才得明顯。

但世親在《成業論》中雖已透露業種酬果的原理，但仍未能清楚說明種子差別的作用，更未有提有「有受盡相」——「業種子」及「無受盡相」——「名言種子」不同的觀念，對業種酬果的解說仍只承襲經部舊義，這未免美中不足。但推想起來，原因可能有二：

第一、世親在撰作《成業論》的時候，是初習唯識不久，個人唯識學的思想並未完全成熟，所以不願在《成業論》中提這等深奧的義理。

第二、世親撰作《成業論》的目的只是對部派業論作出全面檢

〔註19〕 李孟崧撰：《俱舍論對業論之批判》（碩士論文）。香港：能仁書院哲學研究所，1983，頁296～298。

〔註20〕 無性菩薩造、玄奘譯：《攝大乘論釋》卷第三云：「有受盡相者。謂已成熟異熟果。善不善種子。無受盡相者。謂名言熏習種子。」（《大正新脩大藏經》第三十一冊 No.1598，頁 0398a23（00）～0398a24（00）。）簡要言之，從因到果，生命體變，種子成熟，謂異熟果，此異熟相，非同一貌，如種生芽，成異熟時，果報來臨，善業樂報，惡業苦報，受用有時，時到即結，故名之曰，「有受盡相」。由思所熏，成名言種，相續不斷，輾轉復生，無窮受用，故名之曰，無受盡相。

討，並以建立業感所依的大乘正義來疏解佛家無我而有業果理論的
疑難。思想立場雖是大乘唯識學說，但立論的對象卻是部派佛教學
者，所以只在論中力圖完成作論的旨趣，而不急於建立進識思想的
體系，這可說是用心良苦！〔註21〕

　　李潤生先生之《佛家業論辨析》認爲世親把心分爲「集起心」和「種種
心」能圓滿地解釋「生無想天」及「生無色界」出定之所依，並成功將經量
部之「心物二元論」轉到「唯心一元論」，成爲佛家偉大哲學的貢獻。茲錄原
文如下：

　　　　世親的「種子熏習」與前節所述的經量部的「種子熏習」，在種
子自身的涵義上無大差別，而世親主「種子熏習」而無「心互持」
的負累者，其原因在唯識宗於「種子」與所依的「心」（阿賴耶識）
之間，建立其精密而微妙的關係有以致之。

　　　　然此問所謂「熏心相續」的「心」並非原始佛學中所說的眼等
六識，而是唯識宗依經教與諸部思想所建立「阿賴耶識」蓋世親在
大乘成業論中，把「心」分爲二大類：

　　　　一、集起心──無量種子所集起處，即阿賴耶識。

　　　　二、種種心──所緣行相差別而轉，即餘心、心所。

　　　　爲要解釋生「無想天」及「無色界」而後復能再起心、色的原
理，世親以爲生「無想天」，種種心雖停止其活動，而集起心則無不
在活動之中，故一切心種色種俱可以「阿賴耶識」此「集起心」以
爲所依，藏於其中而無過患，及於後時，出「無想天」，心種亦能從
「集起心」後起活動，生心、心所諸法。同一理趣，生「無色界」
時，一切色種可藏於所依的「集起心」中，爲後時再起的親因。如
是立「集起心」的「阿賴耶識」以攝藏種種法的種子，作一切作業
與感果的所依，於是從經量部的「心、物二元論」轉到「唯心一元
論」去，從原始佛學的「業感緣起」轉到唯識的「阿賴緣起」去。
此外更立「末那識」以顯示有情無始時來的一貫我執的人格，使唯
識思想體系更趨嚴密，而爲佛學哲學中的一大貢獻。世親以「種子」
爲感果的媒介，以「阿賴耶識」爲作業與感果的所依，則上述「業

〔註21〕王頌之：《大乘成業論》。香港能仁書院研究所（碩士論文），1982，頁206～
　　　　207。

感」的第一、第二疑難，遂得以周全與合理的解答。〔註22〕

業為佛法，中心論題。眾生輪迴、主體流轉、作業酬果，建於此理。欲為解決，「輪迴流轉，主體困難」，小乘「有部」，建「無表色」、「正量部派」，立「業體性」、「經量部派」，始創「色心」、互持種子，及「細心說」，乃至大乘，「中觀學派」，「作諸法相，實有境界」，破而不立，於佛理中，「業感緣起」，漠不關心，仍無方法，圓滿解決。凡此種種，尚無方案，調解眾生，「主體輪迴」，困難之處。綜觀小乘，所持論據，其理矛盾，漏洞百出，智者不取，學者不服。至公元時，約五世紀，大乘教派，瑜伽論師，無著世親，相繼出現，對此問題（業感緣起），衍生之難，博採諸家，兼容並蓄、取長捨短，集百家精，補瑜伽短，將之圓善，終以「緣起」、「無我」為基，將佛業論，圓滿解決。〔註23〕

綜觀上述，從事佛教業論的學者認為：「阿賴耶識」之建立是佛教業論的必然發展；有說，此世親之業論雖未盡善，仍能解決業報酬果之疑難；或說，由「業感緣起」到「阿賴緣起」，或從「心物二元論」到「唯心一元論」……，由此證明了佛家的業論到了世親晚年已得到了破天荒的革新，解決長久以來部派佛教、外道等對業報流轉所帶來的種種爭辯，並將輪迴的主體變得更加合理化。故此，《大乘成業論》之面世，不單將小乘部派之業論疑難解決，而且確立了大乘種子學說之思想體系，這就證明世親從小乘過度到大乘對業論看法之轉變了。故研習「俱舍學」，既能掌握小乘各部之思想體系，又可為研習大乘思想作一部署，它發揮著承先啟後的作用，對世親的個人思想及佛教理論發展之脈絡，自然一目了然。

〔註22〕李潤生：〈佛家業論辨析〉，《法相學會集刊》第一輯，香港法相學會，1968，頁 19。

〔註23〕林律光著：〈略論佛家對業論之解說〉，《清水灣文集》，收入林律光主編《香港學術精粹叢書》。香港：科華圖書出版公司，2009，頁 129～138。

參考書目

一、書　目

（一）藏經資料

1. 《大正新脩大藏經》第二十九冊，No.1559《阿毘達磨俱舍釋論》。CBETA，電子佛典，V1.20，普及版，2010。

2. 《大正新脩大藏經》第二十八冊，No.1546《阿毘曇毘婆沙論》。CBETA，電子佛典，V1.19（Big5）普及版，2006。

3. 《大正新脩大藏經》第五十五冊，No.2145《出三藏記集》。CBETA，電子佛典，V1.12（Big5）普及版。

4. 《大正新脩大藏經》第五十冊，No.2060《續高僧傳》卷十一。CBETA，電子佛典，V1.52（Big5）普及版，2009。

5. 《大正新脩大藏經》第二十九冊，No.1558《阿毘達磨俱舍論》。CBETA，電子佛典，V1.18（Big5）普及版，2006。

6. 《大正新脩大藏經》第二冊，No.99《雜阿含經》。CBETA，電子佛典，Big5，App 版，2008。

7. 《大正新脩大藏經》第五十一冊，No.2087《大唐西域記》卷第四 CBETA，電子佛典，V1.29（Big5）普及版，2010。

8. 《大正新脩大藏經》第五十冊，No.2059《高僧傳》卷第八。CBETA，電子佛典，V1.35，普及版，2009。

9. 《大正新脩大藏經》第四十一冊，No.1821《俱舍論記》。CBETA，電子佛典，V1.29（Big5）普及版，2007。

10. 《大正新脩大藏經》第四十一冊，No.1822《俱舍論疏》。CBETA，電子佛典，V1.32（Big5）普及版，2009。

11. 《大正新脩大藏經》第四十一冊，No.1823《俱舍論頌疏論本》。CBETA，電子佛典，Big5，App 版，2009。

12. 《卍新纂續藏經》第五十三冊，No.836《俱舍論疏》。CBETA，電子佛典，V1.5（Big5）普及版，2007。

（二）中文書目

1. 中國佛教協會編：《中國佛教》，第一輯。上海：東方出版中心，1996。

2. 中國佛教協會編：《中國佛教》，第二輯。上海：東方出版中心，1996。

3. 中國佛教協會編：《中國佛教》，第三輯。上海：東方出版中心，1996。

4. 中國佛教協會編：《中國佛教》，第四輯。上海：東方出版中心，1996。

5. 日・《齊藤唯信》著、慧圓居士譯《俱舍論頌略釋》。上海：佛學書局，1996。

6. 木村泰賢著、演培法師譯：《小乘佛教思想論》。台北：慧日講堂，1978。

7. 木村泰賢著、演培法師譯：《大乘佛教思想論》。台北：慧日講堂，1978。

8. 王秀英：〈《俱舍論・定品》與《清淨道論》定學諸品之比較研究〉。台北：玄奘人文社會學院，宗教學研究所（碩士論文），2001。

9. 王雲五主編：《原始佛教思想論》。台北：商務印書館，1980。

10. 王頌之：《大乘成業論》。香港能仁書院研究所（碩士論文），1982。

11. 世親造，玄奘譯：《阿毘達磨俱舍論》。台北：方廣文化，1999。

12. 世親菩薩論頌，唐・圓暉法師述：《俱舍論頌疏》。台灣：財團法人佛陀教育基金會，2004。

13. 世親著、玄奘譯、妙靈釋：《論典與教學》卷上。北京：中國社會科學出版社，2006。

14. 世親著、玄奘譯、妙靈釋：《論典與教學》卷下。北京：中國社會科學出版社，2006。

15. 任繼愈總主編、杜繼文主編：《佛教史》。江蘇：人民出版社，2006。

16. 印順法師：《印度佛教思想史》。台北：正聞出版社，1988。

17. 印順法師：《佛教史地考論》。台北：正聞出版社，1992。

18. 印順法師：《唯識學探源》。台北：正聞出版社，1992。

19. 印順法師：《說一切有部論書與論師研究》。台北：正聞出版社，2002。

20. 宇井伯壽著、李世傑譯：《中國佛教史》。台北：協志工業叢書，缺年。

21. 佛光大藏經編修委員會主編：《佛光大藏經・阿含部》。高雄：佛光出版社，1983。

22. 何石彬：《阿毗達磨俱舍論》研究（博士論文）。北京：宗教文化出版社，2009。

23. 呂澂著：《中國佛教學源流略講》。北京：中華書局，1983。

24. 呂澂著：《印度佛教學源流略講》。北京：中華書局，1979。

25. 妙靈：《論典與教學・〈阿毗達磨俱舍論〉卷上》，中國社會科學出版社，2006。

26. 妙靈：《論典與教學・〈阿毗達磨俱舍論〉卷下》，中國社會科學出版社，2006。

27. 李世傑，廣淨法師修訂：《俱舍學綱要》。新竹：自印，修訂版，2001。

28. 李孟崧撰：《俱舍論對業論之批判》（碩士論文）。香港：能仁書院哲學研究所，1983。

29. 李潤生：《佛家輪迴理論》，上冊。台北：全佛文化有限公司出版，2000。

30. 李潤生：《佛家輪迴理論》，下冊。台北：全佛文化有限公司出版，2000。

31. 性空法師：《阿毗達的理論與實踐》。台灣：嘉義安慧學苑教育事務基金會，2005。

32. 昌言等著：《俱舍的思想和智慧》。台北：世界佛教出版社，1996。

33. 金行天撰：《從緣生的觀點研討與認識有關的諸俱舍法義》（碩士論文）。台北：台灣大學哲學研究所，1980。

34. 南懷謹著：《中國佛教發展史略》。上海：復旦大學出版社，1996。

35. 姚治華釋譯：《異部宗輪論》。台北：佛光文化事業有限公司，2002。

36. 星雲編著：《佛光教科書》第五冊。台北：佛光文化事業有限公司，1999。

37. 徐醒生釋譯：《大毗婆沙論》。台北：佛光文化事業有限公司，1998。

38. 高永霄：《異部宗輪論》。台北：全佛文化事業有限公司，1998。

39. 張曼濤主編：《俱舍論研究（上冊），現代佛教學術叢刊》（第22冊）。台北：大乘文化出版社，1978。

40. 張曼濤主編：《俱舍論研究（下冊），現代佛教學術叢刊》（第51冊）。台北：大乘文化出版社，1979。

41. 張曼濤主編：《唯識思想論集・（一）》。台北：大乘文化出社，1978。

42. 野上俊靜等著、釋聖嚴譯：《中國佛教史概說》。台北：商務書局，1993。

43. 菩提比丘英譯，尋法比丘中譯：《阿毗達磨概要精解》。高雄：正覺學會，1999。

44. 黃懺華：《佛教各宗大綱》。台北：天華出版公司，1980。

45. 楊白衣：《俱舍要義》。台北：佛光文化事業公司，1998。

46. 溫金柯撰：《阿毗達磨俱舍論的諸法假實問題》（碩士論文）。中國文化大學哲學研究所，1988。

47. 歐陽竟無編：《阿毗達磨俱舍論》卷1～30，收入《藏要》第八冊。上海：

上海書局，（缺年），頁 1～728。

48. 潘桂明著：《中國佛教教科書》（宗教卷）賴永海主編，上海：古籍出版社，2000。

49. 羅時憲：《唯識方隅》，第十卷。香港：佛教志蓮圖書館、羅時憲弘法基金有限公司，1998。

50. 羅時憲等：《佛經選要（上）》。香港金剛乘學會，1961。

51. 羅時憲等：《佛經選要（中）》。香港金剛乘學會，1961。

52. 羅時憲等：《佛經選要（下）》。香港金剛乘學會，1961。

53. 蘇軍釋譯：《雜阿毗曇心論》。台北：佛光文化事業有限公司，1998。

54. 釋自範撰：《阿毗達磨俱舍論明瞭義釋‧序分》之研究》（碩士論文），中華佛學研究所，1995。

55. 釋悟殷：《部派佛教》上篇。台北：法界出版社，2002。

56. 釋悟殷：《部派佛教》中篇。台北：法界出版社，2003。

57. 釋悟殷：《部派佛教》下篇。台北：法界出版社，2006。

58. 釋演培：《印度佛教解脫思想概要》。台北：天華出版社，1991。

59. 釋演培釋註：《俱舍論頌講記（上）》。台北：天華出版社，1979。

60. 釋演培釋註：《俱舍論頌講記（中）》。台北：天華出版社，1979。

61. 釋演培釋註：《俱舍論頌講記（下）》。台北：天華出版社，1979。

（三）英文書目

1. Bhikkhu Bodhi, *A Comprehensive Manual of Abhidhamma*, Buddhist Publication Society, Kandy, 1993.

2. Charles Willemen, Bart Dessein, Collett Cox, *Sarvāstivāda Buddhist Scholasticism,* Leiden : Brill, 1998.

3. Cox, Collett, *Controversies in Dharma Theory: Secarian Dialogue on the Nature of Enduring Reality*（India），Thesis（Ph.D.）--Columbia University, 1983.

4. Cox, Collett, *Disputed Dharmas, Early Buddhist Theories on Existence : An Annotated Ttranslation of Tthe Section on Factors Dissociated from Thought From Sanghabhadra's Nyayanusara*, Tokyo : International Institute for Buddist Studies, 1995.

5. Edited by Michael A. Williams, Collett Cox, Martin S. Jaffee., *Innovations in Religious Traditions : Essays in the interpretation of Religious Change, Berlin*; New York: Mouton de Gruyter, 1992.

6. KL Dhammajoti, *"The Category of Citta-viprayukta-saṃskåra in the Abhidharmåvatåra"*, Journal of Buddhist Studies,Vol. II, pp. 160–174, Sri Lanka , Colombo, 1988.

7. KL Dhammajoti, *Sarvāstivāda Abhidharma*, Hong Kong, Center of Buddhist Studies, 2007.

8. KL Dhammajoti, *"SahabhË-hetu, Causality and Sarvåstitva"*, InÓrcanå, Professor MHF Jayasurya Felicitation Committee, Colombo, 2002.

9. KL Dhammajoti:*The Summary and Discussion of the Abhidharmakośabhāṣya*. In Gelong Lodro Sangpo, *Abhidharmakośabhāṣya of Vasubandhu.* By Loius de La Vallee Poussin. Annotated Translation by Gelong Lodro Sangpo. With a new Introduction by KL Dhammajoti, 1–68. Motilal, Banarsidass Publishers, New Delhi, 2011.

10. Kritzer, Robert., *Rebirth and Causation in the Yogācāra Abhidharma*, Wien : Arbeitskreis für Tibetische und Buddhistische Studien, Universität Wien, 1999.

11. Kritzer, Robert., *Vasubandhu and the Yogācārabhūmi: Yogācāra Elements in the Abhidharmakośabhāṣya*, Tokyo：International Institute for Buddhist Studies of the International College for Postgraduate Buddhist Studies, 2005.

12. Willemen, Charles, *Sarvāstivāda Buddhist Scholasticism,* by Charles Willemen, Bart Dessein, Collett Cox, Leiden : Brill, 1998.

（四）日文書目

1. 小谷信千代著:《チベット俱舍學の研究:「チムゼー」賢聖品の解讀》,文栄堂書店,1995。

2. 平川彰編:《眞諦譯對校阿毘達磨俱舍論》第三卷,沖本克己,藤田正浩校訂,東京:山喜房佛書林,2001。

3. 張富萍撰:《アビダルマ佛教における修道論:俱舍論賢聖品を中心として》,大學大學院人文科學研究科佛教學修士論文,1993。

4. 櫻部建、小谷信千代、本庄良文:《俱舍論原典研究──智品·定品》,日本:大藏出版社,2004。

二、期刊文獻資料

1. 平川彰著、雲昕譯:〈《阿毘達磨俱舍論》簡介〉,《諦觀》第 51 期,1987,頁 1～108。

2. 曲世宇:〈《俱舍論》略史及綱要〉,《法音》第 5 期,2003。

3. 吳洲:〈《俱舍論》的六因四緣說〉,《宗教學研究》第 2 期,1998。

4. 李志夫:〈試論《俱舍論》在佛教思想史中之價值(上)〉,台北:《中華佛學學報》第 3 期,1990,頁 47～67。

5. 李潤生:〈佛家業論辨析〉,《法相學會集刊》,第一輯。香港:佛教法相學會,1968,頁 1～29。

6. 林熅如:〈「從「四善根」論說一切有部加行位思想探微──以漢譯《阿

毘達磨俱舍論》爲中心」〉，《諦觀》第 65 期，1991，頁 125～146。

7. 張鐵山、王梅堂：〈北京圖書館藏回鶻文《阿毗達磨俱舍論》殘卷研究〉，《民族語文》第 2 期，1994。

8. 張鐵山：〈從回鶻文《俱舍論頌疏》殘葉看漢語對回鶻的影響〉，《西北民族研究》第 2 期，1996。

9. 張鐵山：〈敦煌莫高窟北區 B52 窟出土回鶻文——《阿毗達磨俱舍論實義疏》殘葉研究〉，《敦煌學輯刊》第 1 期，2002。

10. 張鐵山：〈敦煌莫高窟北區出土三件回鶻文佛經殘片研究，《民族語文》第 6 期，2003。

11. 陳雁姿：〈部派佛教對知識論的探討〉，香港人文哲學會，第二卷，第 4 期，2002。

12. 普願：〈《俱舍論》管窺〉，《閩南佛學院學報》第 1 期，1990。

13. 黃俊威：〈《阿毘達磨品類足論》〈辯千問品〉的論述方式——以〈學處品〉爲中心的探討〉，《華梵學報》第八卷，2002，頁 19～39。

14. 黃俊威：〈三世實有、法體恆存的商榷〉，《慧炬雜誌》第 322 期，1987，頁 52～60。

15. 黃俊威：〈以說一切有部爲主的菩薩思想初探〉，《華梵人文學報》創刊號，2003，頁 335～418。

16. 黃俊威：〈有關犢子部「補特伽羅」觀念之研究〉，《諦觀佛學研究雜誌》第 48～49 期，1987，頁 41～46，頁 25～32。

17. 黃俊威：〈論部派佛教時代之業力存在觀〉（B.C.201～A.D.350），《東方文化》第 12 期，台北：政治大學，1981，頁 82～162。

18. 黃俊威：〈論部派佛教時代之輪迴觀〉，《東方文化》第 11 期，台北：政治大學，1980，頁 42～57。

19. 萬金川：〈《俱舍論・世間品》所記有關「緣起」一詞的詞義對論——以漢譯兩本的譯文比對與檢討爲中心〉，《佛學研究中心學報》第 1 期，1996，頁 1～30。

20. 萬金川：〈佛陀的啟示——一位阿毗達磨論者的解讀〉《法光》第 31 期，1992。

21. 蕭振邦：〈依義理重構佛教美學之探究：以《俱舍論》爲例示〉，《中央大學人文學報》19，1999，頁 1～33。

22. 羅光：〈俱舍論——業感緣起〉，《哲學與文化》，第 6 期，1979，頁 2～8。

23. 釋日慧：〈《俱舍論》心所分類的解讀〉，《慧炬》第 4 期，1999，頁 14～23。

24. 釋自運：〈《俱舍論光記寶疏》之研究——序分之一〉，《諦觀》第 77 期，

1994，頁 179～202。

25. 釋性儀：〈漢譯《俱舍論》〉〈界品〉中「受、想」別立為蘊之探討」，《諦觀》77，1994，頁 67～86。

26. 釋惠空：〈《俱舍論》〈定品〉與《瑜伽師地論》「三摩呬多地」之比較〉，《圓光佛學學報》創刊號，1993，頁 307～328。